Essen und Trinken mit

George Sand

auf Mallorca

Essen und Trinken mit George Sand auf Mallorca

Herausgegeben von
Eva Gesine Baur

Fotos von
Rainer Fichel

Mit Rezepten
und
zahlreichen Abbildungen

dtv
premium

Originalausgabe
November 2003
Deutscher Taschenbuch Verlag GmbH & Co. KG, München
www.dtv.de

Umschlagkonzept: Balk & Brumshagen
Umschlaggestaltung: Stephan Schöll
unter Verwendung des Bildes
›George Sand enface‹ von Michael Mathias Prechtl, 1983
(© Frydl Prechtl-Zuleeg, Nürnberg)
Layout und Satz: Stephan Schöll, Großhelfendorf
Gesetzt aus der Garamond und Künstler Script
Reproduktion: mediendesign menrath, Eglfing
Druck und Bindung: Appl, Wemding
Gedruckt auf säurefreiem, chlorfrei gebleichtem Papier
Printed in Germany • ISBN 3-423-24375-9

Inhalt

Entrée

mit etwas Biss

Wann der Tourismus erneut ein Traumziel zerstört hat, lässt sich blind erkennen: dann nämlich, wenn es dort schmeckt wie zu Hause. Wenn es Spaghetti, Hamburger und Steak gibt oder wenn die Thaiküche in Thailand sich von der in München oder New York nicht mehr unterscheidet und die Gerichte in Shanghai identisch sind mit dem, was im glutenbegeisterten Lokal mit vielen roten Lampen in Berlin-Mitte auf den Tisch kommt. So betrachtet hat der Tourismus auf Mallorca schon beachtliche Fortschritte gemacht auf seinem Weg zur Einebnung des ihm Fremden, denn die internationale Langweile, jenes beliebte Sedativum der abenteuermüden Reisenden, hat sich längst auf den meisten Speisekarten ausgebreitet wie Insalata Caprese.

Die Tatsache jedoch, dass Mallorca kulinarisch nicht nur nivelliert, sondern auch modernisiert wurde, würde ausgerechnet eine traditionsbewusste Kronzeugin der kulinarischen Vergangenheit dieser Insel freuen: die damalige Bestsellerautorin George Sand, geschiedene Baronesse Dudevant, von Geburt aus mit dem Namen Amantine-Aurore-Lucile Dupin gesegnet. Denn bei aller Liebe zum Authentischen war sie, durchaus eine Abenteurerin in fremden Betten und Ländern, ehrlich genug, das Rustikale nicht von vornherein als gut und das Derbe nicht als echt zu verklären. Wer Mallorca noch aus den frühen 1980ern kennt, also bevor dann 1986 der deutsche Drei-Sterne-Koch Heinz Winkler, seinerzeit Küchenchef des legendären Münchner ›Tantris‹, das bis heute doppelt besternte und zurecht berühmte ›Tristan‹ in Puerto Portals eröffnete, kennt auch noch die abgelegenen, ungemein authentischen Kneipen, in denen jeder von tiefstem Mitgefühl für den Wolf erfüllt wurde, der an Wackersteinen verendete. Wenn eine fremde Küche die Verdauungsorgane auf zu harte Belastungsproben stellt, dann geht die Neugier auf ihre spezifischen Reize rasch verloren. Und das geschah auf Mallorca erschreckend zügig. Nur der gern verunglimpften Sturheit der Einheimischen ist es zu verdanken, dass überhaupt noch bekannt ist, wie Mallorca zu Zeiten von George Sand geschmeckt hat – also auch hundert oder vierhundert Jahre zuvor.

Es gibt zwar heute auch auf Mallorca viele zugereiste Kochkünstler, die lieber die Nähe zu der zugereisten Prominenz suchen als zur mallorquini-

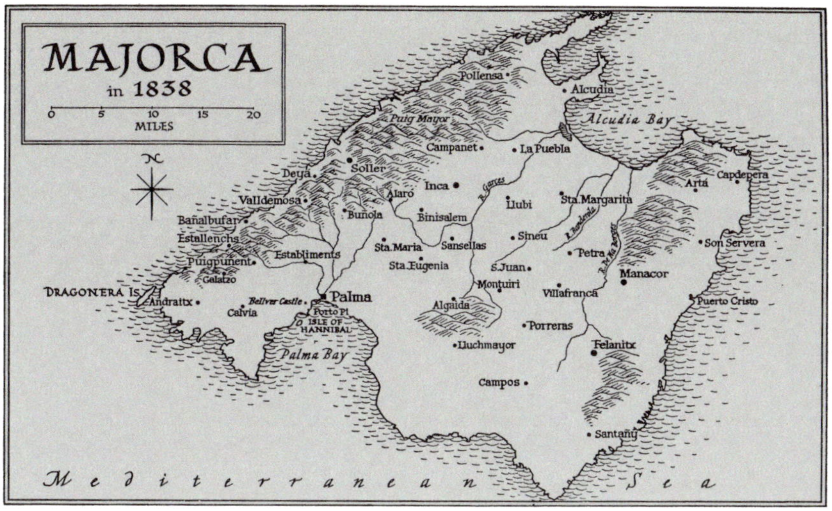

schen Ursprünglichkeit. Doch selbst solche Küchenhelden, die mit Lust in die Klatschspalten fallen, spüren, dass sie nur auf dem Weg ins Herzen des Landes und seiner Traditionen zu sich und den Menschen hier finden. Und umgekehrt öffnet sich mancher bisher neuerungsresistente Mallorquiner mittlerweile der Erkenntnis, dass sich der Wert eines Gerichts nicht an dem Schweregefühl bemisst, das es in den Eingeweiden hinterlässt. Zwischen bleiernem Traditionalismus, belangloser Allerweltsküche und kreativem Narzissmus hat sich auf Mallorca stellenweise eine Küche durchsetzen können, die eine Wiedergutmachung an den frühen prominenten Gästen George Sand und Frédéric Chopin bedeutet, die es im Winter 1838/39 hierher verschlagen hatte. Und die nachweislich in diesen drei Monaten um ein Vermögen gebracht wurden, um sich zu Wucherpreisen miserabel zu ernähren.

Das Kartell der Touristen unterbindet heute solche Preistreibereien. Leider auch manche Entfaltung markanter kulinarischer Charaktere. Ob die verschlankte Küche überhaupt noch authentisch ist, lässt sich allerdings leicht feststellen: Sie ist es, wenn bei vielen Gerichten die Kombination der Aromen befremdet – Orangen zu Knoblauch, Marzipan im Truthahn, Schokolade zu Krustentieren, Wurstfüllung in süßem Schmalzgebäck, Kaffeesauce zum Fisch. Gerade in solchen Verbindungen ist Mallorca sich selbst geschmackstreu, denn in ihnen offenbart sich seine bewegte Vergangenheit, seine Nähe zu mittelalterlichen Traditionen und die Eigensinnigkeit seiner Bewohner. Gefälligkeit ist eine Eigenschaft, die den Mallorquinern noch nie geschmeckt hat. Und hoffentlich niemals schmecken wird.

Aperitif mit bittersüßer Note

Jeder Buchladen auf Mallorca hat einen Titel vorrätig, der alles andere als neu ist, sich aber immer verkauft – an Amerikaner wie Franzosen, Deutsche wie Engländer. Es ist ein Buch, in dem die Insel samt Bewohnern mitunter aufs Übelste beleidigt wird. Als »Affeninsel« wird sie geschmäht und von den Mallorquinern ist die Rede als »tückischen, diebischen, aber dennoch unschuldigen Biestern«. Der Reisebericht lässt an Deutlichkeit nichts zu wünschen übrig: Die Menschen unsympathisch bis kriminell, die Fortbewegung eine Strapaze, das Essen eine Katastrophe, das alltägliche Leben ein entnervender Kampf, die endlosen Regengüsse deprimierend. George Sands Bewertung des Urlaubsgebiets Mallorca ist milde gesagt ein Verriss. Wer nur ein paar Seiten gelesen hat in ihren Aufzeichnungen über einen Winter auf Mallorca, hat verstanden: Dieser Erfahrungsbericht ist bestens geeignet zur Rufschädigung Mallorcas. Doch die Buchhändler beunruhigt das wenig – sie wissen wohl, dass nicht jeder Käufer dieses Buch auch liest. Das hingegen, was jeder halbwegs Belesene von der Verfasserin weiß und von dem Mann, mit dem sie hier zwei Monate verbrachte, ist der Aura Mallorcas durchaus zuträglich. Denn Inseln werden gerne verklärt zu Gärten der Liebe. Und George Sand und Frédéric Chopin haben der Insel Mallorca zu einer sehr imageträchtigen Liebesgeschichte verholfen. Wobei es kurz zuvor zwischen den beiden Hauptdarstellern keineswegs danach ausgesehen hatte.

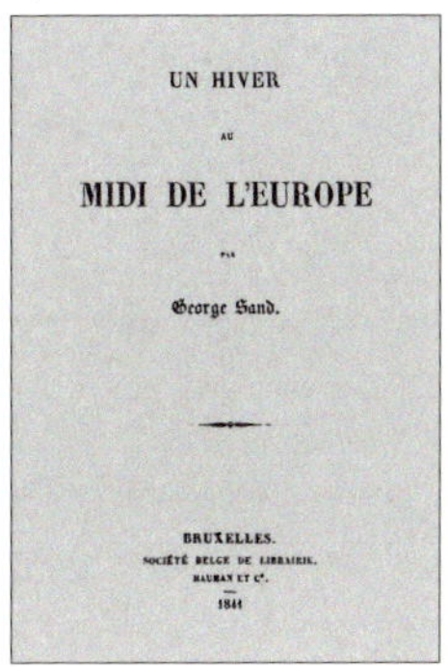

»Wie unsympathisch ist diese Sand! Ist sie überhaupt eine Frau? Ich möchte es fast bezweifeln.« Chopin war angewidert nach der ersten Begegnung mit der Erfolgsautorin. Und wäre es noch mehr gewesen, hätte er gewusst, dass diese zigarrenpaffende Frau in Männerkleidern, die sich ein männliches Pseudonym zugelegt hatte, von sich selbst nicht nur sagte: »Ich will Künstler bei mir sehen – Liszt, Delacroix, Berlioz, Meyerbeer.« Sondern klipp und klar erklärte: »Ich werde Mann unter Männern sein, sonst nichts …«
Dass sich der Künstler namens Chopin eineinhalb Jahre nach der ersten abstoßenden Begegnung trotzdem mit der sieben Jahre älteren Skandalfrau einlässt, von deren geschlechter- und altersgrenzenlosem sexuellem Appetit noch lieber geredet wird als von ihren populären Büchern, diente Sigmunds Freude. Denn Chopin sucht, nachdem seine wie üblich blonde, feenhaft zarte Braut auf elterlichen Druck die Verlobung gelöst hat, offiziell eine neue Geliebte. Eigentlich aber braucht er eine Frau, die ihn bemuttert. Eine, die seine Seelenwunden verarztet, seine Tränen trocknet, seine Lebensängste beruhigt und seine erotischen Bedürfnisse mit erfahrener Hand stillen kann.

Ein »Krankenstubentalent« nennt der irländische Pianist John Field den Pariser Damenliebling Chopin. Als solches entflieht der achtundzwanzigjährige Musikstar hustend der Stadt, in der es für ihn ungemütlich geworden ist. Denn er wird nicht nur von den Gerüchten und bissigen Bemerkungen enttäuschter Geniegroupies verfolgt, sondern auch von Georges ausrangiertem Liebhaber, dem kreolischen Hauslehrer ihrer Kinder, der ihn mit seinen Mordabsichten behelligt. Und einen Tod durch die Hand eines eifersüchtigen Widersachers findet der Pole, den Liszts Geliebte Marie D'Agoult »eine überzuckerte Auster« nennt, unappetitlich blutig. Nicht aber die Sorge um dieses Krankenstubentalent, vielmehr die um ihren eigenen kränkelnden Sohn Maurice bringt die Sand auf die Idee, den Winter in milderen Regionen zu verbringen.

Das frisch entflammte Liebespaar reist diskret getrennt an. George Sand mit ihrem Sohn und Tochter Solange, Chopin alleine. Erst ab Perpignan legen sie den Weg gemeinsam zurück, um als falsche Familie in Palma einzutreffen.

Chopins Verehrer fragen sich damals wie heute: Was erwartet er sich denn bitte von dem Winter auf der Baleareninsel?

Zuerst einmal Genesung, denn auch wenn Liszts Geliebte, Marie d'Agoult, spöttelt, Chopin huste anmutig, hat er wenig Spaß an seiner dauernden Anfälligkeit und seinen Schwächezuständen. So etwas macht ein Genie vielleicht geheimnisvoller, aber einen jungen Mann mit Sicherheit nicht attraktiver. Dass seine Verlobung aus diesen Gründen platzte – die angehenden Schwiegereltern forderten stabile, gesunde Erbmasse –, verstärkt noch seinen Gesundungswillen.

Er erwartet sich wahrscheinlich auch, sein neues Verhältnis ungestört ausleben zu können. Vor allem aber rechnet er wohl damit, von George rundum verwöhnt zu werden. Und er hat Gründe für diese Rechnung.

Nein – weiblich oder gar fürsorglich wirkt sie nicht, diese Sand, die durch ihren Auftritt brüskiert und sich jede Freiheit herausnimmt, nach der es sie gelüstet. Kein Außenstehender verfiele auf die Idee, von solch einer Person zu erwarten, dass sie eine umsichtige Hausfrau und eine begeisterte Köchin sei. Doch Chopin ist bereits wochenlang Gast auf ihrem Schloss in Nohant, 250 km südlich von Paris gewesen. Und er weiß, dass diese Frau nicht nur eine gerüchtetaugliche Gegenwart und eine ruhmreiche Vergangenheit zu bieten hat – ihr Urgroßvater, Moritz von Sachsen, war das uneheliche Kind von August dem Starken und der klügsten seiner

zahlreichen Mätressen, Aurora von Königsmark –, sondern unerwartete Qualitäten verbirgt und ganz anders ist, als sie zu sein vorgibt. Die erfolgreiche Autorin, umschwärmt von Kollegen wie Heine, Flaubert und Dostojewski, gilt als kühn, provokant und radikal, sieht sich selber als schüchtern und sogar »grämlich«. Doch Chopin erlebt sie als grenzenlos begeisterungsfähig, hingabebereit und aufopferungsvoll. Eine Frau, die sich mit Lust verschenkt. Oscar Wilde behauptete, sie sei »von allen Künstlern dieses Jahrhunderts die selbstloseste«. Und genau das braucht der empfindsame Komponist, der um sein eigenes Ich kreist. »Wenn jemand wünschte, mich am Gängelband zu führen«, gesteht Chopin selber, »wäre ich sehr zufrieden.« Er kann es nun sein, denn George nennt ihn »mein Kleiner« und bei aller unverhohlenen Freude an gutem Sex – Frauen, die das leugnen, verachtet die Sand –, wird die neue Geliebte ihn vor allem versorgen und von Sorgen freihalten, nebenher noch ein paar einträgliche Artikel und uneinträgliche Briefe schreiben, ihren aktuellen Roman vollenden, ihre Kinder betreuen und seinen neuesten Kompositionen applaudieren. Eine wie sie, das hat Chopin in Nohant erlebt, bringt noch aus den Resten vom Wochenende ein köstliches Menü zustande und scheut vor groben Tätigkeiten nicht zurück. »Mit den Händen zu arbeiten, hat mich niemals abgeschreckt«, sagt sie beruhigenderweise, »und ich gehöre nicht zu den hehren Geistern, die nicht aus ihrer Wolke herabsteigen können.« Umso besser – dann kann Chopin dort bleiben.

Am Anfang desselben Jahrs, in dem George Sand mit Chopin nach Mallorca aufbricht, schildert ihr Kollege Balzac sie etwas uncharmant: »Was das Physische betrifft, so hat sie inzwischen ein Doppelkinn wie ein Domherr, sie hat nicht ein einziges weißes Haar und das trotz des wirklich schlimmen Pechs, ihr brünetter Teint ist unverändert, ihre schönen Augen sind immer noch leuchtend, immer noch hat sie den gleichen, etwas dümmlichen Gesichtsausdruck, wenn sie nachdenkt, denn ihre ganze Physiognomie liegt in den Augen …« Aber er lobt: »Sie arbeitet ungeheuer viel.« Trotzdem vermissen ihre Gäste nie das Geringste und Eugène Delacroix schwärmt von »Nohant, das in meinem Herzen und in meinen Gedanken beschlossen ist als einer der seltenen Orte, wo mich alles entzückt, fesselt und tröstet.« Der tröstende Aspekt zählt für verletzliche Künstler besonders.

Chopin verlässt sich bei Planung der Mallorca-Exkursion ganz und gar auf die Energie, das Organisationstalent, die Nervenstärke und die haushälterischen Qualitäten Georges. Eine Frau, die Pasteten backen kann und Kartoffelkuchen, wilde Kräuter kennt und jeden Fisch, die einen Hasen ausweiden kann, Geflügel rupfen und zerlegen und jeden Tag – neben der Familie und den Freunden – noch zehn bis zwölf weitere Gäste durchfüttert – mit der kann ihm nichts passieren. Sie weiß, wie sehr viele Menschen mit sehr wenig Geld satt zu kriegen sind. Neben so einer Frau lebt sich's noch in der Wüste angenehm, auch wenn beide, in Paris gefüttert mit Aufmerksamkeit, Bewunderung und Einladungen, hier auf Mallorca so gut wie keinem bekannt sind. Weder von ihm, dem in Frankreich die Damen zu den kleinen Füßen liegen, noch sie, die als Erfolgsautorin mehr verdient, als die meisten männlichen Kollegen, sind hier prominent, sie sind nur unangenehm auffällig. Sie durch ihre Männerkleider und ihre Tochter, die ebenfalls wie ein Junge herumläuft. Er durch seinen Husten, der sich in den feuchtkalten Mauern, erhitzt von rußenden, stinkenden Kohlebecken, bald verschlech-

tert, vom Arzt als Schwindsucht etikettiert und so zum Auslöser panischer Ängste bei den Einheimischen wird.

George wäre durchaus bereit, auf alles zu verzichten, damit es ihren drei Kindern, den echten und dem erwachsenen, gut ginge, denn so emanzipiert sie wirkt, so sehr ist sie bereit, zurückzustecken in ihrem wie üblich eheähnlich engen Verhältnis. »Wenn zwei Menschen miteinander eine Ehe eingehen, so muss, glaube ich, einer von ihnen völlig auf sein eigenes Ich verzichten, und nicht nur auf seinen Willen, sondern auch auf seine Meinung: Er muss sich entschließen, mit den Augen des andern zu sehen und das zu lieben, was dieser liebt.« Aber es fehlt an den Voraussetzungen. Was das Liebespaar durchmacht ist derart katastrophal, dass die schreibwütige Sand später zugibt: »Da ich … während meines Aufenthalts keineswegs begeistert von der Insel war, habe ich auf Entdeckerruhm verzichtet und die Tat weder auf Granit noch auf Papier verewigt. Hätte ich unter dem Druck von Gram und Ärger geschrieben, wie ich sie damals empfand, wäre es mir unmöglich gewesen, mich mit dieser Entdeckung zu brüsten; ein jeder hätte mich nach der Lektüre gefragt: na, was ist da schon dran? Heute allerdings kann ich sagen: es ist etwas dran, denn Mallorca ist für den Maler eines der schönsten Fleckchen auf dieser Erde und eines der am wenigsten bekannten.« (WaM, S. 36)

Wie verheißungsvoll alles begonnen hat, belegt ein Brief Chopins vom 14. November 1838: »Ich bin in Palma – unter Palmen, Zedern-Kakteen-Oliven-Orangen! Zitronen-Aloen-Feigen-Granatfrüchten usw., all dem, was der Jardins des Plantes (= Botanischer Garten in Paris) nur dank seiner Öfen hat.«

Ein Paradiesgarten, so scheint es. Doch er soll – auch kulinarisch – für beide zeitweise zur Hölle werden. Wie das geschehen konnte? George Sand hat es drei Jahre später aufgeschrieben. Und somit den Mallorquinern ein Dokument dafür geliefert, dass die Fremden heute wirklich in himmlischen Verhältnissen leben. Vor allem im Winter.

Gäste mit Pariser

Die gut betuchte, musikalisch und literarisch gebildete Elena Choussat beschrieb die Gäste aus Paris bei aller Genauigkeit mit unüberhörbarer

»Sie war ein schöner Mensch mit einem besonderen Gesichtsausdruck, der von sehr schönen schwarzen Augen belebt wurde. Ihre herrlichen Haare formten über der Stirn zwei dicke Zöpfe und fassten am Hinterkopf das übrige Haar, das sie mit einer sehr hübschen kleinen Silberspange hochsteckte.«

»Ihr Sohn Maurice, der etwa 15 oder 16 Jahre alt sein mochte, war zart und sprach wenig; lieber zeichnete er alles, was ihn beeindruckte, in seine kleinen Alben, denen seine Begeisterung galt.«

Ansprüchen

Bewunderung. Schließlich gehörte sie zu den wenigen Inselbewohnern, die wussten, welche Berühmtheiten Mallorca hier ihren Besuch abstatteten.

»Ihre kleine Tochter Solange hingegen war rotwangig und sprühte vor Leben und Gesundheit. Sie brauchte Bewegung und Spektakel. Mit ihrem Blüschen, ihrer Leinenhose und ihrem Filzhut hätte man sie für einen Jungen gehalten, hätte sie nicht so schöne, lange, bis zum Gürtel fallende Haare besessen.«

»Chopin, der Musiker, der sie alle begleitete und über den ich nicht spreche, weil er durch seine Werke hinreichend bekannt ist, war sehr krank; er kam in den Süden, um seine Gesundheit wieder herzustellen.«

Touristisch schwierig

»An einem der ersten Novembertage des Jahres 1838 kamen wir in Palma an; es war so warm wie bei uns im Juni. Bei der Abreise aus Paris vor vierzehn Tagen war es ungewöhnlich kalt gewesen; wir hatten also den ersten Hauch des Winters verspürt und waren froh, den Feind hinter uns zu lassen. Hinzu kam das Vergnügen, eine Stadt von besonderem Charakter und mit einer Reihe von Sehenswürdigkeiten von ungewöhnlicher Schönheit oder Eigenart zu durchstreifen.

Aber die Schwierigkeit, eine geeignete Unterkunft zu finden, machte uns bald Kummer, und wir erkannten, daß die Spanier, die uns Mallorca als gastfreundlich und mit allem Nötigen versehen gepriesen hatten, nicht nur sich, sondern auch uns getäuscht hatten. Bei der Nachbarschaft der großen europäischen Zivilisationen hätten wir nicht erwartet, daß es auch nicht einen Gasthof gab.« (WaM, S. 67)

Zur Tragik wurde für Mallorca seit den 1960er Jahren, dass es *zu viele* Übernachtungsgelegenheiten gab, die allerdings mangels Gastlichkeit die Bezeichnung als Gasthöfe nicht mehr verdienten: Bettenburgen in Billigbeton, so trostlos wie in jeder deutschen Vorstadt, flughafennah hingeklotzt für Urlauber, die zu ihrem Freizeitglück viel Sonnenöl, Fritten und Bier, aber wenig Kultur brauchen und am liebsten gar nichts Neues. Ein beispielhaftes Schicksal: das der Platja de Palma in Arenal. Vor hundertfünfzig Jahren eine menschenleere jungfräuliche Schönheit, vor hundert Jahren eine mondäne Erscheinung – ein elegantes Strandbad mit erlesenen Kurbädern, für Damen und Herren getrennt –, in den 1950er Jahren mit dem ersten Touristenbunker geschändet und von da an konsequent missbraucht. Bereits in den 1980ern war die Platja de Palma nur noch eine Hure jenes Gewerbes, das alles, was es entdeckt, zerstört: Über einhundertsechzig Hotels in Arenal machten in den 1990er Jahren den fünfeinhalb Kilometer langen Strand zum Spielplatz derer, für die Urlaub meint, mit der Kleidung auch jedes Benehmen abzulegen. Ballermann, Synonym der frittenfettigen, discolärmenden, sangriaberauschten Vergnügungssucht in Arenal, wurde zum Schreckenswort der Mallorquiner. Seit 2000 ist die Regierung nun darum bemüht, der Schönheit der Platja de Palma einen Rest ihrer Würde zurückzugeben und mit den Preisen und der Qualität neuer Hotels auch wieder das Niveau anzuheben – Erfolgschancen fraglich. George Sand sehnte sich mit Sicherheit bei diesem Anblick zurück nach der Zeit ohne einen Gasthof.

Ästhetisch

»*Son Vent* (Haus des Windes) war die Villa eines reichen Bürgers, der sie uns mit der gesamten Einrichtung für hundert Franken im Monat überlassen wollte. Für französische Verhältnisse war der Preis eher mäßig, für die Insel jedoch ziemlich hoch. Wie alle einheimischen Landhäuser war es möbliert mit Gurtbetten oder mit grün angestrichenen Holzbetten, von denen einige aus zwei Böcken mit zwei Brettern und einer dünnen Matratze darüber bestanden; dazu die landesüblichen Stühle mit strohgeflochtenem Sitz und Tische aus massivem Holz. Die Wände waren schön weiß gekalkt, und als Gipfel des Luxus hatten fast alle Fenster Scheiben. Zur Zierde des sogenannten Wohnzimmers gab es vier scheußliche Kaminschirme, wie man sie bei uns in den ärmlichsten Dorfgasthöfen findet; Señor Gomez, unser Wirt, hatte sie in seiner Naivität sorgsam rahmen lassen, als seien es kostbare Stiche, mit denen man die Täfelung eines Herrensitzes schmückt. Im übrigen war das Haus geräumig, luftig (zu luftig), mit guter Raumverteilung und in reizender Lage zu Füßen von Bergen mit sanften, fruchtbaren Hängen am Abschluß eines üppigen Tals mit Blick auf die gelben Mauern von Palma, die gewaltige Kathedrale und das glitzernde Meer am Horizont.«
(WaM, S. 73/74)

Der Lärm der Fassmacher, die rund um die Uhr direkt unter den Fenstern hämmerten, vertrieb George, Frédéric und die Kinder aus ihrer Unterkunft in Mallorca; durch Vermittlung gerieten sie in das Haus Son Vent, nahe bei dem heute noch immer verschlafenen Dorf Establiments, ungefähr fünf Kilometer nördlich von Palma an der Straße nach Esporles gelegen. Wer sich Sands und Chopins wegen dorthin auf den Weg macht, wird allerdings nur zwei pflichtschuldig angebrachte Gedenktafeln vorfinden, sonst erinnert nichts an die berühmten Gäste, die dort fünfundzwanzig Tage hausten. Zum Trost können enttäuschte Verehrer in diesem Ort den Patio und den Treppenaufgang von Son Berga bewundern, eine der elegantesten alten Landvillen auf der Insel, der zu Zeiten von Sand und Chopin genauso ausgesehen hat.

ansprechend

Menschlich

Die Vorsicht des Spaniers und das Mißtrauen des Insulaners werden dort so weit getrieben, daß der Fremde nicht einmal die harmloseste Frage an einen beliebigen Einwohner stellen kann, ohne für einen Spitzel gehalten zu werden.«
(WaM, S. 39)

Rhetorische Fragen, die nur zeigen sollen, dass es der Fragende besser weiß, lösen heute noch dieselben Reaktionen aus. Fremde, die mit kolonialistischem Dünkel den Einheimischen erklären wollen, wie man das Spalierobst richtig bindet oder den Baum korrekt beschneidet, machen sich heute noch immer so wenig beliebt wie George Sand. Wer den Stolz der Mallorquiner unterschätzt, beleidigt sie. Das musste sogar die wollüstige Diva Ava Gardner einsehen, die als Gast auf Mallorca einen Wachtmeister zum Tanz aufgefordert hatte. Und einen Korb bekam.

bedenklich

»Alle Reisenden, die das Innere der Insel besucht haben, waren indessen begeistert von der Gastlichkeit und Uneigennützigkeit des mallorquinischen Bauern. Sie berichteten voller Bewunderung, daß es zwar keine Gasthäuser gebe, daß es aber trotzdem leicht und angenehm sei, das Land zu bereisen, in dem es genügt, eine einfache Empfehlung vorzuweisen, um freundlich aufgenommen und kostenlos untergebracht und bewirtet zu werden. Man braucht also nur eine solche Empfehlung an einen Bauern von einem noblen oder reichen Herrn, und schon öffnet sich einem die Tür. Wenn man jedoch ohne empfohlen zu sein, um ein Glas Wasser bittet, wird man sich umgucken.

Nichtsdestoweniger ist der mallorquinische Bauer sanft und gutmütig, friedlich, ruhig und geduldig. Er liebt das Böse nicht, kennt aber auch nicht das Gute. Er geht zur Beichte, er betet, es beschäftigt ihn unablässig, wie er sich die Aufnahme ins Paradies verdienen kann, aber er weiß nicht, worin die wahren menschlichen Pflichten bestehen.«
(WaM, S. 213)

Der Charme der Mallorquiner ähnelt auch heute noch dem X – jenem so häufigen und für Fremde so ungewöhnlichen Buchstaben im Mallorquin, jener leider aussterbenden Inselsprache, der wie ein Schweizer »ch« im Rachen gesprochen wird: sperrig, widerspenstig und rau. Die Mallorquiner sind bis heute schweigsam und sparsam. Private Probleme werden nicht besprochen oder gar verbreitet, sondern wortlos erledigt, oft auf etwas martialische Art. Im Winter ist genügend Zeit, solche Dorfgeschichten zu erkunden, die sich anhören wie dunkle Legenden des Mittelalters. Da werden noch Töchter oder Schwiegersöhne verstoßen oder auch Waffen vergraben, wenn berechtigte Sorge besteht, ein betrogener Gatte könne sein Jagdgewehr statt auf die Kaninchen auf seine untreue Ehefrau richten.

Botanisch erfreulich

Die Landschaft, reicher an Vegetation als die afrikanische Küste, besitzt ebensoviel Weite und Ruhe. Es ist eine grüne Schweiz unter kalabrischem Himmel mit dem feierlichen Ernst des Orients.«
(WaM, S. 38)

Klimatisch lieblich

Die Temperaturen schwanken recht beträchtlich je nach Standort. In den Niederungen ist der Sommer brennend heiß, doch hat die Bergkette, die sich von Nordost nach Südwest erstreckt, großen Einfluß auf die Wintertemperaturen. So wird berichtet, daß das Thermometer während des schrecklichen Winters von 1784 am Hafen von Palma ein einziges Mal im Januar auf 6 Grad Réaumur über dem Nullpunkt fiel; an anderen Tagen stieg es auf 16 Grad, hielt sich aber meist um 11 Grad. Jedenfalls war es ungefähr diese Temperatur, die wir während eines normalen Winters in den Bergen von Valldemosa* hatten, ein Landstrich, der als einer der kühlsten der Insel gilt. In den kältesten Nächten mit 5 cm Schnee hatten wir immer noch 6 bis 7 Grad Wärme. Um 8 Uhr morgens erwärmte es sich auf 9 bis 10, mittags auf 12 bis 14 Grad. Gegen drei Uhr, nachdem die Sonne für uns hinter der Bergkette untergegangen war, sank das Thermometer meist ganz plötzlich auf 9 oder sogar 8 Grad.

Der Nordwind bläst dort oft mit Macht, und die Winterregen fallen mit Heftigkeit und Ausdauer; wir in Frankreich können uns davon keine Vorstellung machen. Im Allgemeinen ist das Klima gesund und üppig im Südteil, der Afrika zugekehrt ist und den das zentrale Hügelland sowie der hohe Wall des mächtigen Bergzuges vor der Wut nördlicher Winde schützt.« (WaM, S. 41/42)

Nur im Winter kann es sich beweisen – das milde Klima Mallorcas. Es ist dem subtropischen Mittelmeergürtel zu verdanken, in dessen Mitte die Insel liegt, weswegen auch die Winter meistens milder als auf dem spanischen Festland sind. Das Kalksteingebirge entlang der Westküste, 90 Kilometer lang und 10 bis 15 Kilometer breit, das den von Norden kommenden Mistral abhält, hat daher seinen Namen – Tramuntana.

*heutige Schreibweise: Valldemossa

Kulinarisch fragwürdig

Mit Fug und Recht wurde Mallorca von den alten Römern die goldene Insel genannt, denn sie ist äußerst fruchtbar, und die Landesprodukte sind von hervorragender Qualität. Der Weizen ist so rein und fein, daß er ausgeführt wird; so verwendet man in Barcelona ausschließlich diese Sorte zur Herstellung des weißen, duftigen Gebäcks, das man *pan de Mallorca* oder *ensaimada* nennt. Die Mallorquiner beschaffen sich für ihre Ernährung aus den kantabrischen Provinzen gröberes und billigeres Getreide. So ißt man in einem Lande, das so reich an gutem Weizen ist, ein widerliches Brot. Ich weiß nicht, ob dieser Tausch sehr vorteilhaft ist.« (WaM, S. 43)

Welche Beliebtheit das besagte weiße, duftige Gebäck auch bei Touristen genießt, ist allein aus dem Schauspiel zu ersehen, das sich dem Bordpersonal bietet, wenn die Gäste ihre großen runden oder oktogonalen *ensaïmada*-Schachteln als nicht für das Gepäckfach geeignet erkennen müssen. Zum Stolz jedes Mallorca-Liebhabers oder -Zugewanderten gehört es, den angeblich besten *ensaïmada*-Bäcker zu kennen. Es existiert sogar ein eigener Kontrollrat für dieses Kultgebäck, der die Qualität überwacht – schließlich gehört die *ensaïmada*, ob handteller- oder autoreifengroß, zu den Grundnahrungsmitteln der Mallorquiner. Die Mallorcaphilen bevorzugen eine *ensaïmada* gefüllt mit *cabell d' àngel,* dem ›Engelshaar‹ genannten, mit Zucker verkochten fädigen Inneren der Kürbisse, wahlweise mit Mandel-, Schokoladen- oder Vanillecreme oder auch mit Quittenpaste. Die Mallorquiner essen zwar zum Frühstück eine kleine süße Schnecke, bevorzugen aber sonst salzige Füllungen des süßen Gebäcks aus kräftig gewürzter Wurst, Schinken oder Käse. Dass so etwas für Fremde befremdlich schmeckt, bestärkt die Einheimischen nur darin, dass genau das echt und gut sei, denn dem Gefälligen misstrauen sie.

Die *ensaïmada* hat ihren Namen übrigens vom *saïm,* zu deutsch Schweineschmalz, durch das der Teig der großen Hefeschnecken geschmeidig wird.

Wie sehr es geschätzt wird, zeigt sein zweiter Name hier: *mantega de porc* – Schweinebutter. Auch wenn es manchem zarten Gaumen zu derb erscheint, hat es Vorteile, von denen freilich George Sand noch nichts wissen konnte: die sogenannte Schweinebutter enthält nur halb so viel Cholesterin wie unsere Butter.

Das von George Sand so harsch verurteilte Brot auf Mallorca, das *pa moreno* heißt und bei uns als dunkles Mischbrot verkauft würde, ist generell ungesalzen und schmeckt den Fremden so wenig wie das italienische, weil sie nicht akzeptieren, dass Brot hier keine Hauptmahlzeit darstellt, sondern nur Trägersubstanz für Aromen ist. Kein Wunder, dass die Bäckerei Schmidt in Palma ihr deutsches Schwarzbrot besser verkauft als einheimische Kollegen warme Semmeln. Der mallorqinische Weizen, damals laut Sand exportiert, heute auf der Insel verbacken, ist nicht identisch mit dem uns vertrauten. Eher eine Mischung aus Weizen und Dinkel. Doch gleichgültig, woraus es besteht: die Mallorquiner würdigen ihr von den Fremden so ungeliebtes Brot auch noch altbacken – nicht aus Trotz, sondern aus Tradition, was sich auf Mallorca freilich oft ähnelt. In der traditionellen Küche schneidet man das *pa moreno* mit einem *trinxet*, einem halbmondförmigen Messer, das wohl noch der Anwesenheit der Sarazenen zu verdanken ist, in hauchdünne Scheiben. Die Scheiben nennen sich *sopes* und sind wichtiger Bestandteil der *Sopes* (in der Hochsprache *sopas*) *mallorquines* – die von da ihren Namen haben. Diese ganz mittelalterlichen, mit Brot angedickten Gemüseeintöpfe, waren wie in den meisten europäischen Ländern das klassische Frühstück für Menschen, deren Arbeit Hornhäute machte.

Die Arbeit der Bauern: primitiv & freudlos

Im Gegensatz zu den meisten heutigen Mallorcareisenden war George Sand durchaus berechtigt, einen Kommentar zur Agrarkultur auf Mallorca (in ihren Augen eine Unkultur) abzugeben, denn sie spielte in Nohant nicht etwa die Schlossherrin, die ihre zum höheren Behuf des Schreibens prädestinierten Finger abspreizte, sie war vielmehr als Leiterin ihres Gutsbetriebes mit den Fragen der Rationalisierung bestens vertraut.

… Man arbeitet zwar sehr emsig, aber die Landwirtschaft steckt noch in den Kinderschuhen. Nirgends sonst habe ich beobachtet, daß der Boden mit so viel Geduld und doch so wenig gründlich bearbeitet wurde. Selbst die einfachsten Maschinen sind unbekannt; Menschenarme, recht mager und schwach im Vergleich zu unseren, tun alles, aber mit unglaublicher Langsamkeit. Man braucht einen halben Tag, um weniger Erde umzugraben als bei uns in zwei Stunden; fünf oder sechs der stärksten Männer müssen ran, um eine Last von der Stelle zu bringen, die der schmächtigste unserer Träger fröhlich auf seinen Schultern wegschleppt. Trotz dieser Lässigkeit ist der gesamte Boden auf Mallorca bebaut und allem Anschein nach wohl bebaut. Wie man sagt, hat die Bevölkerung niemals Not kennengelernt; aber gesegnet mit allen Schätzen der Natur und dem schönsten blauen Himmel, ist ihr Leben viel primitiver und freudloser als das unserer Bauern.«
(WaM, S. 43/44)

Zugegeben, daß auch unsere Landwirtschaft sehr rückständig ist und daß wir in dieser Beziehung noch viel zu lernen haben, aber der französische Bauer besitzt eine Zielstrebigkeit und Energie, auf die der Mallorquiner wie auf eine Geistesstörung hinabblicken würde.« (WaM, S. 48/49)

Dass heute das Leben zahlreicher Bauern freudvoller oder zumindest müheloser ist als das der deutschen oder französischen, ist den Touristen zu verdanken, denn 75% der Bevölkerung leben direkt oder indirekt vom Tourismus. Und das Vermieten eine Eselstalls oder der Verkauf eines Baugrunds, der vorher ein Feld war, spart vieles mühselige Ackern. Doch wo harte Arbeit der leichten weicht, gehen Traditionen ein. Leider sterben auf Mallorca die kleinen Schlachter aus und wo Korbboutiquen und Cafés die Metzgereien verdrängen, stirbt Mallorca. Eine gewisse Neigung, sich nicht sinnlos aufzuarbeiten, diagnostizierte George Sand freilich schon vor mehr als eineinhalb Jahrhunderten. Was sie eher abfällig beurteilt, ist gerade jene Genussfähigkeit auch der einfachen Bauern, die wir heute bewundern.

Die Festtage: melancholisch & poetisch

Reisende pflegen über das glückselige Leben der Südländer viele schöne Worte zu machen. Sie sehen ihre Gesichter und malerischen Trachten am strahlenden Sonntag und halten die Ideenarmut und den Mangel an Voraussicht für den Inbegriff des heiteren Landlebens. Das ist ein Irrtum, dem auch ich verfallen war, von dem ich aber geheilt bin, vor allem seitdem ich Mallorca gesehen habe. Es gibt nichts Erbärmlicheres und Elenderes auf der Welt als diesen Bauern, der nur beten, singen und arbeiten kann und niemals denkt. Sein Gebet ist eine leere Formel ohne Sinn für seinen Verstand; seine Arbeit ist eine Muskeltätigkeit, zu deren Erleichterung ihm sein Kopf beim besten Willen nicht verhelfen kann; und sein Gesang ist der Ausdruck jener düsteren Melancholie, die ihn unversehens überkommt und deren Poesie uns beeindruckt, ihm selbst aber nie bewußt wird. Erweckte ihn nicht die Eitelkeit von Zeit zu Zeit aus seiner Erstarrung, um ihn zum Tanz zu treiben, würde er die Festtage verschlafen.«
(WaM, S. 44/45)

Festtage zu verschlafen war zu George Sands Zeit so schwer möglich wie heute, weil allein die deftigen Gerüche der Festtagsessen Tote erwecken, allerdings nicht unbedingt touristenfreundlich aufbereitet. Der Festkalender beweist bis heute, dass die Mallorquiner jeden Anlass nutzen, ob historisches Jubiläum, Ernte oder kirchlicher Feiertag, um besondere Gerichte aufzutischen und oft auch ganz archaische Bräuche und Rituale zu zelebrieren.

Die Feste heute: einfach grandios & grandios einfach

Nicht im Frühling, nicht im Sommer, sondern während der Herbst- und Wintermonate feiern die Mallorquiner jene Feste, bei denen auch der Fremde Geschmack an ihren deftigen Traditionen findet und an dem wunderbaren Eigensinn, mit dem sie diese zu bewahren wissen.

1. Am letzten Septemberwochenende feiert Binissalem die *festa des Vermar,* das traditionelle Erntedankfest der *vermadors,* der Winzer, wo die besten Trauben gekürt werden und *fideus d'és vermar* serviert wird, ein Gericht aus Schaf- oder Lammfleisch, Zwiebeln, Tomaten und Nudeln, gewürzt mit Nelken, Zimt und Muskat. Das, was auf dem Kirchplatz groß gefeiert wird, findet im Kleinen in jedem Winzerhaushalt statt.

Àn
Ànima negra
1996
Felanitx
13% vol.· 75 cl.

2. Am ersten Oktobersonntag wird in San Juan der Blutwurst ein Fest gewidmet – die *festa des botifarró.* Außer Blutwürsten, Freudenfeuern, Volkstänzen und Dudelsackmusik gibt es *coca de trempó,* einen saftigen Gemüsekuchen.

3. Am letzten Oktobersonntag inszenieren die Bewohner von Petra ihre *festa des bunyol,* das Krapfenfest. Die *bunyols* werden aus mehligen Kartoffeln hergestellt und haben in der Mitte ein Loch, dessen Herstellung Anfängern Rätsel aufgibt. Wer bei dieser *festa* den öffentlich wirkenden Köchinnen zuschaut, löst es.

4. Am 31. Dezember zelebriert Palma die *festa de l'estendard,* das Fahnenfest. Es erinnert zwar sehr christlich an König Jaime I., den Eroberer, der am 31. Dezember 1229 die Stadt von den Mauren befreite, doch der klassische *indiot,* der Truthahn, der zum Jahreswechsel serviert wird, verrät stark maurische Inspiration – er wird meistens süß mit Marzipan gefüllt (auch an Weihnachten kommt er als *indiot de Nadal* mit knusprigsüßer Turrón-Füllung auf den Tisch).

5. Am 5. Januar findet in Palma der Umzug der Heiligen Drei Könige – *Colcada dels Reis* – statt. Die drei Könige kommen nicht mit dem Kamel sondern ortstypisch mit dem Schiff im Hafen an, wo sie mit Fackeln und Feuerwerk etwas spektakulärer begrüßt werden, als es in Bethlehem der Fall gewesen sein soll. Der Festzug über die Plaza Cort zum Rathaus, wo die prominenten Aristokraten im Gegensatz zu den heutigen vom Stadtrat begrüßt werden, macht Appetit – natürlich auf Würste, die überall feilgeboten werden. Die Kinder werden mit Geschenken vom königlichen Wagen herunter bedacht, die Erwachsenen bedenken sich selbst.

6. Am 16. Januar feiern die Mallorquiner in Sa Pobla, Artà, Costitx, Monacor, Monacor del Valle, Sant Eugenia und San Margia del Camí die *Revetlla de Sant Antoni Abat,* den Festabend des heiligen Abts Antonius. Bereits am Vorabend werden *foguerons,* große Freudenfeuer, angezündet, in denen Teufelspuppen verbrannt werden, um den Sieg des Guten über das Böse zu veranschaulichen, was auch Ahnungslose kapieren. Die Einheimischen tanzen maskiert ums Feuer, begleitet von Trommeln und Tam-

bourins, alte Tänze, singen alte Lieder und stärken sich für diese kräftezehrende Aktion mit *espinagades amb anguiles,* Blechkuchen mit Süßwasser-Aal und Spinat (daher der Name) und anderen Gemüsen – ein unvergleichliches Geschmackserlebnis, verstärkt durch den Holzfeuergeruch. Weil dieser Tag hier einer der offenen Tür ist – auf die Idee käme im Sommer keiner mehr – hält jeder Haushalt seine *espinagada* und Rotwein bereit für unangekündigt einfallende Freunde und Bekannte. Die Aale kommen aus dem Feuchtgebiet S'Albufera bei Alcúdia.

7. Im Februar werden in Montuiri die *darrers dies a Montuïri,* die letzten Tage vor Beginn der Fastenzeit, gefeiert. Dieses Fest zum Karnevalsabschluss ist, wie auf dieser allen fleischlichen Genüssen hingegebenen Insel zu erwarten, opulent: Was an den Ständen im Ort an Speisen serviert wird, bietet einen Überblick über die Wurst- und Schinkenspezialitäten Mallorcas und macht eindringlich die Notwendigkeit von *herbes* und *palo* deutlich. Wer auf Mallorca lieber Fisch isst, muss den Winterurlaub bis zur *fiesta del pa i el peix,* dem Brot- und Fischfest am 4. Fastensonntag verlängern, das in San Juan gefeiert wird. Es erinnert an die wunderbare Vermehrung von Brot und Fisch, wobei das Brot in Gestalt von *coquetes* gereicht wir, Törtchen aus ungesäuertem Teig, an der deutsche Brotfetischisten wenig Gefallen finden. Es sei denn, sie seien als Juden mit Mazze vertraut.

»Die schönsten Tiere der Welt«: das Schwein als Kultfigur

Dass schweinische Genüsse besonders festlich sind, war für die Französin George Sand selbstverständlich. Oskar Panizza schreibt in seiner nicht nur orthographisch ungewöhnlichen Studie über »Das Schwein in poetischer, mitologischer und sittengeschichtlicher Beziehung«: »Wie in allen katolischen Ländern spielt auch in Frankreich das Schwein eine grose Rolle. Es sind besonders zwei Tage oder Festzeiten, an denen dieses sonst gemiedene und zum Schimpfwort dienende Tier in plötzlicher Glorjole aufersteht und sich zu uns, nicht nur als süs-knuspernder Braten, sondern als mächtiges Natursimbol an den Tisch setzt und eine gewisse heilige Scheu von uns verlangt. Diese zwei Zeiten sind Neujahr – die Wintersonnwende und Ostern – die religiöse Sonnwende.«

An eben diesen Festtagen und an besonderen privaten Feierlichkeiten kam in Mallorca *porcella lechal* auf den Tisch, was wörtlich übersetzt Milchschweinchen bedeutet: Das Kleine wird nämlich, bevor es sechs Wochen alt ist und mehr als 15 Kilo wiegt, von den Zitzen der Muttersau gerissen. Dass es sich nur von der Milch ernährt, macht sein Fleisch so zart und erklärt auch den deutschen Namen Spanferkel, der nichts mit Holzspänen zu tun hat, sondern mit spänen, neudeutsch säugen. Kenner freilich behaupten, ein Spanferkel, das zwei, drei Wochen länger an den mütterlichen Drüsen nuckeln und noch fünf Kilo zulegen dürfe, schmecke wesentlich delikater.

Heute gibt es *porcella lechal* auf Mallorca das ganze Jahr über, und auch ohne festlichen Anlass. Mallorquinischen Ansprüchen genügt es allerdings erst, wenn es sich um *porcella negra,* also ein schwarzes Ferkel handelt. Diese borstenlose Sorte ist leider von so liebenswürdigem Äußerem, dass mancher spanferkellüsterne Feinschmecker zum Vegetarier mutiert. Ist der Sündenfall erst einmal geschehen, fällt der Rückweg ins Reich der Entsagung schwer, denn gerade *porcella lechal al forn de llenya,* Spanferkel aus dem Holzbackofen, wie es die Mallorquiner lieben, ist eine Delikatesse, die moralische Vorsätze allzu leicht vergessen macht.

»Die wichtigsten Ausfuhrprodukte sind Mandeln, Orangen und … Schweine. O ihr wunderschönen Hesperidenbäume, die ihr von den ekligen Drachen bewacht seid: es ist nicht meine Schuld, daß ich euch in meiner Erinnerung

mit diesem gemeinen Borstenvieh koppeln muß, auf das der Mallorquiner versessener und stolzer ist als auf eure duftenden Blüten und goldenen Äpfel!«
(WaM, S. 45/46)

Hier irrt George Sand: als Borstenvieh kann man die mallorquinischen schwarzen Schweine nicht bezeichnen – sie haben keine Borsten.

»Ich komme also auf meine Schweine zurück. Diese Tiere sind die schönsten von der Welt. Ein spanischer Autor des 18. Jahrhunderts zollt in schlichter Einfalt einem jungen Schwein Bewunderung, das im unschuldigen Alter von 1 1/2 Jahren 24 *Arrobas*, d.h. etwa 600 Pfund wog. Damals genoß die Aufzucht von Schweinen in Mallorca nicht den gleichen Glanz, in dem sie jetzt erstrahlt. Der Tierhandel war durch die Raffgier der Konzessionäre beeinträchtigt, denen die spanische Regierung Lieferungsgenehmigungen erteilte oder besser verkaufte. Kraft ihrer unumschränkten Vollmacht unterbanden diese Unternehmer allen Export von Rind, während sie sich das Recht auf unbegrenzten Import vorbehielten.

Dieses habsüchtige Verhalten hatte zur Folge, daß die Landwirte die Lust an der Rinderzucht verloren. Nachdem das Fleisch nur mit Verlust verkäuflich und die Ausfuhr untersagt war, blieb ihnen nichts anderes übrig, als sich zu ruinieren oder die Rinderzucht vollständig aufzugeben; damit starb das Rind bald aus.«
(WaM, S. 46)

»Export von Borstenvieh«: das Schwein als Retter

Der Mallorquiner versteht sich also nicht auf die Rindermast, auf die Wollverarbeitung und auf das Melken von Kühen (Milch und Butter schätzt er nämlich ebenso wenig wie Industrie); er ist nicht fähig, genügend Weizen zu erzeugen, um sich davon zu ernähren; er kann sich kaum dazu aufraffen, Maulbeerbäume anzubauen und Seide zu gewinnen; die einst blühende Kunst der Tischlerei ist ihm abhanden gekommen und völlig in Vergessenheit geraten; er besitzt keine Pferde, denn das spanische Mutterland requiriert alle Fohlen für das Heer und der friedliche Mallorquiner ist nicht so dumm, für die Ausrüstung der königlichen Kavallerie zu arbeiten.

Da er es nicht für notwendig hält, eine einzige Straße, auch nur einen einzigen brauchbaren Weg auf der Insel zu unterhalten, da die Ausfuhrrechte der Willkür einer Regierung anheimgegeben sind, die keine Zeit hat, sich mit solchen Lappalien zu befassen, blieb dem Mallorquiner nichts anderes übrig, als zu vegetieren, als seinen Rosenkranz abzuleiern und seine Hosen zu flicken, die in einem traurigeren Zustand sind als die von Don Quijote, seinem Vorbild in Armseligkeit und Stolz. Schließlich aber kam das Schwein als Retter. Der Export des Borstenviehs wurde gestattet, und eine neue Ära, die Zeit des Wohlstandes brach an. In Mallorca wird die Nachwelt unser Jahrhundert das Zeitalter des Schweins nennen, ähnlich wie die Moslems in ihrer Geschichte mit einem Zeitalter des Elefanten rechnen.« (WaM, S. 53/54)

Anscheinend hat George Sand, sonst von wahrhaft historischer Akribie, sich nicht genug in die Archäologie des Schweins vertieft: Ihre saumäßigen Vorlieben und allen daraus gewachsenen Profit wirtschaftlicher wie kulinarischer Art verdanken die Mallorquiner den Römern. Die machten es bereits vor, wie man Schweinernes mit Kräutern und Gewürzen, aber auch mit Pinienkernen oder Feigen anreichert. Das Schwein wird in römischer Tradition gefeiert als Verwandlungskünstler, der seine Qualitäten erst postum entfaltet. Schauplatz seiner Vielseitigkeit: *es rebost,* die Vorratskammer. Dort hängen an langen Stöcken, die an den steinernen Decken befestigt sind, in der Kühle die Würste und Schinken mit Aromen von paprikascharf bis würzigsüß oder mildnussig.

Heutzutage liegen Oliven und Johannisbrot nicht wie früher unter den Bäumen herum, die Kaktusfeige dient den Kindern nicht mehr als Spielzeug, und die Hausmütter haben gelernt, mit Saubohnen und Kartoffeln sparsam umzugehen. Das Schwein erlaubt keine Vergeudung und läßt nichts umkommen. Es ist das beste Beispiel herzhafter Gefräßigkeit bei bescheidenen Ansprüchen an Kost und Logis, das man den Massen vorhalten kann. Daher genießt es in Mallorca Vorrechte, die man früher nicht einmal menschlichen Wesen eingeräumt hätte. Man hat die Gehöfte ausgebaut und besser belüftet; Frucht, die am Boden verrottete, wurde aufgesammelt, verlesen und eingelagert, und eine Schiffsverbindung zwischen der Insel und dem Festland, die man vordem für überflüssig und abwegig gehalten hatte, wurde eingerichtet.

Ich habe es also dem Schwein zu verdanken, das ich die Insel Mallorca besuchen konnte.«
(WaM, S. 54)

Wer aus emotionalen Gründen zumindest die Schweine-Jugend verschonen will, wird auch von einem erwachsenen Schweinebraten nicht enttäuscht, denn die schwarzen Schweine werden auf den Balearen verwöhnt. Dass es ihnen hier saumäßig gut geht, ist dem Fleisch anzuschmecken. Ob Eicheln, Johannisbrot oder Kaktusfeigen: Die gute Ernährung erst gibt dem Fleisch jene zarte Konsistenz und jenes delikate Aroma, das besonders beim luftgetrockneten Schinken zur Geltung kommt. Schwein hat auch jeder, der das Fleisch eines jener Tiere, die der schwarzen Füße wegen *pata negra* heißen, sachte gegrillt serviert bekommt.

Das Schwein als Inspirator: ›Porcasus‹ statt ›Pegasus‹ nannte Rainer Fichel, Chef des ›Viena‹ in Ca's Concos, die Symbolfigur seines Lokals. Denn so wie das mythische Ross Sinnbild künstlerischer Höhenflüge ist, so beflügelt das Schwein Mallorcas Köche zu kulinarischen Kreationen. Und manches davon ist ein Gedicht.

Ganz ausgestorben ist das Rind nicht, aber es macht sich mehr durch seine Milch bemerkbar als durch sein Fleisch. Nachdem Erwachsene die Rindsmilch nur in homöopathischen Dosen im café con leche ertragen, frische Milch selbst von Kindern auf Mallorca als befremdlich schmeckend empfunden wird – H-Milch hingegen finden sie normal – und die mallorquinische Küche keine Sahne, keine Butter und keinen Sauerrahm kennt, sondern sich auf Olivenöl und Schmalz beschränkt, erscheint die geringe Milchausbeute in geronnener, fermentierter Form. Zum Beispiel als *formatge de tetilla,* ein mild-würziger Kuhmilchkäse, der hier gerne wie auch der *cabrales,* ein Blauschimmelkäse, mit *codonyat,* einem festen Quittengelee, gereicht wird. Doch das Schwein spielt wahrhaftig die Hauptrolle und das Schmalz von ihm wird von den Einheimischen *mantega del porc,* also Schweinebutter genannt. Es muss, verlangt die Tradition, »weiß wie Schnee« sein.

»2000 Gerichte mit Schweinernem«: das Schwein als Verwandlungskünstler

Grundstock der mallorquinischen Küche ist unweigerlich das Schwein in allen Erscheinungsformen. Hier wäre der Ausspruch des kleinen Savoyarden im Märchen am Platze gewesen, als er seine Spelunke pries und verkündete, man äße dort fünf Sorten Fleisch: Schwein, Spanferkel, Eisbein, Schinken und Speck. In Mallorca bereitet man sicher mehr als zweitausend Gerichte mit Schweinernem und es gibt mindestens zweihundert Arten von Wurst, die derart reichlich mit Knoblauch, Pfeffer, Paprika und allen möglichen anderen beizenden Spezereien gewürzt sind, daß man bei jedem Bissen sein Leben riskiert. Man sieht, wie bei Tisch zwanzig Schüsseln aufgetragen werden, deren Inhalt einen ganz manierlichen Eindruck macht. Dem Schein darf man jedoch nicht trauen: es ist Höllensud, vom Teufel persönlich gebraut.«
(WaM, S. 202)

Zum Nachtisch kommt dann eine recht vertrauenerweckende Pastete mit einer Verzierung, die man für Orangenscheiben mit Zucker bestreut halten kann, bis sich herausstellt, daß es sich um eine durch Knoblauch angereicherte Pastete mit Schweinsfrikassee handelt, daß die Scheiben von Tomaten und Pfefferschoten stammen und daß die so unschuldig dreinschauende Zuckerstreu in Wirklichkeit schönes, weißes Salz ist.«
(WaM, S. 202)

Die von George Sand geschmähten stark gewürzten Würste sind mittlerweile auch bei den Fremden beliebt. Die drei klassischen Sorten: *sobrassada*, eine grobe, mit edelsüßer Paprika gewürzte Schweinefleisch-Mettwurst, die umso frischer und besser schmeckt, je dünner sie ist; in vielen Familien wird sie beim Schlachtfest, der *matança*, nach einem Hausrezept hergestellt. Deren längere Variante nennt sich *llonganissa*. Unverzichtbar für die mallorquinische Küche sind die *botifarrons*, kleine Blutwürste mit Speckstücken. Als Luxuswurst gilt die *carn-i-xulla-Salsitxo*, eine grobe, sehr saftige Fleisch- und Speckwurst.

Restaurant VIENA

Edi Burkhart, Küchenchef
C./Metge Obrador, 13 Ca's Concos
Tel.: +971 84 22 90 Fax: + 971 84 20 26
e-mail: info@viena-mallorca.com
www.viena-mallorca.com

Fragen an Edi

Ein Dorf, wie aus einem Western: langgestreckt, eintönig, still, ein schwerfälliger Kirchenbau aus Marès-Stein an der Straße. Keine mallorquinische Idylle, wie Touristen sie lieben. Und doch liegt hier eines der beliebtesten Restaurants auf der Insel: das ›Viena‹, das der Hamburger Schwabe Rainer Fichel, eigentlich Fotograf, 1997 in einer alten Kneipe eröffnet hat, und mit einem internationalen Team betreibt.

Unverwechselbares Interieur mit genialen Ideen, die wenig kosten, mit bester Gegenwartskunst und Perfektion im Detail – Rainer maß jahrzehntelang in den Lokalen dieser Welt, was die ideale Höhe für eine Bank ist und für eine Bar. Sein Erfolgsrezept: jeden Abend im Jahr geöffnet haben und bodenständige Küche in Reinform kultivieren. Rainer Fichel: »Mein Küchenchef Edi hat zwar große Sterne-Küche gelernt, aber er hat mich verstanden: ich will alles ohne Schnörkel.« Und als er in seinem eigenen Lokal die besten Bratkartoffeln seines Lebens aß, war Rainer Fichel rundum zufrieden.

1. Wie lange leben Sie auf Mallorca?
– Seit April 1998.

2. Warum haben Sie sich für Ihren jetzigen Standort entschieden?
– Ich hörte vom VIENA und seiner Art – das reizte mich.

3. Welche Jahreszeit/welche Monate lieben Sie am meisten und welche am wenigsten?
– Am liebsten habe ich hier die Monate Februar, März und Oktober. Auf November und Januar könnte ich gerne verzichten.

4. Welche Aromen und Gerüche verbinden Sie mit der Insel allgemein?
– *Den Geruch des Meeres und der Pinien.*

5. …und welche mit der Ecke, in der Sie leben?
– *…den Geruch von Orangenblüten, Kräutern und den weidenden Schafen.*

6. Was ist schwierig im Umgang mit den Mallorquinern?
– *Das eine Problem sind meine Sprachschwierigkeiten – ich habe für Spanisch mehrere Sprachkurse besucht. Aber hier auf dem Land sprechen fast alle Mallorquin. Das zweite Problem: völlig fremd ist mir, wie sie oft mit Tieren umgehen und ihrem Jagdtrieb frönen.*

7. Und worin sind die Einheimischen unkompliziert?
– *Vor allem die Jüngeren sind sehr offen. Bei den Älteren dauert es etwas länger, bis sie sich öffnen. Aber es gibt hier eine unglaubliche Nachbarschaftshilfe.*

8. Was ist an den kulinarischen Traditionen Mallorcas heute unverdaulich?
Was sollte man Ihrer Ansicht nach vergessen oder ändern?
– *Was soll ich da reinquatschen – ich habe Respekt vor den mallorquinischen Traditionen.*

9. Welche Früchte, Gemüse, Fische, Kräuter, Gewürze, Fleischsorten oder Gerichte, die typisch mallorquinisch sind, haben Sie inspiriert? Was ist Ihr mallorquinisches Lieblingsgericht?
– Lamm und auch die Schmorgerichte, Thunfisch. Feigen, Tomaten, wilder Spargel, Kreuzkümmel, wilder Fenchel, Rosmarin. Meine Lieblingsspeise: »lechona«, das Spanferkel vom »porc negre« (mallorquin.: porcella negra), dem schwarzen, mallorquinischen Schwein.

10. Wenn Sie auf Mallorca zwei Wochen lang das Gleiche essen und trinken müssten: Wofür würden Sie sich entscheiden?
– Gambas in allen Variationen, Wasser und Orangensaft.

11. Ein einfaches Liebesmahl à la Mallorca: Was servieren Sie? Und welchen Wein gibt es dazu?
– Gazpacho von frischen mallorquinischen Tomaten; »lechona« mit Rosmarinkartoffeln und grünem Salat; in Weinteig gebackene Feigen. Wein: ein Aia von Miques Oliver.

Porcella negra

(Schwarzes Spanferkel)

Zutaten

1 Spanferkel, ca. 1 Kilo Karotten, geschabt und gewürfelt,
ca. 1 Kilo Zwiebeln, geschält und grob gehackt,
2-3 Knoblauchzwiebeln, geschält und gehackt,
2-3 Sellerieknollen, geschält und gewürfelt,
ca. 1 Kilo Lauch, geputzt und grob gehackt,
ca. 1/2 l Olivenöl, ca. 1/2 l Brandy, Saft von 3-4 Zitronen,
abgerebelte Blätter von 2 Bund Rosmarin gehackt, Salz,
Schwarzer Pfeffer, Paprikapulver edelsüß, gemahlener Kümmel, Bier

Zubereitung

Die Mengen hängen ab von der Größe des Spanferkels. Die Angaben sind also nur als ungefähre Richtlinie zu verstehen.

Das Spanferkel in sechs Teile tranchieren: zwei Schultern, zwei Keulen, zwei Rücken mit Koteletts.

Olivenöl, Brandy, Zitronensaft, Pfeffer, Paprika, Kümmel und Rosmarin zu einer Marinade verrühren und alle sechs Spanferkelteile gründlich damit einreiben.

Den Backofen auf ca. 190° vorheizen.
Die Gemüse und zwei Drittel des gehackten Knoblauchs auf ein mit Olivenöl bestrichenes Backblech legen (wenn es zu viel wird, auch zwei Backbleche). Die Spanferkelteile darauf betten, mit der Schwarte nach oben; nochmals mit der Marinade bestreichen. Das Blech in den vorgeheizten Ofen schieben und ca. 70-80 Minuten lang backen. Währenddessen die Kartoffeln zubereiten – entweder Pellkartoffeln oder in der Schale gebratene, die auf keinen Fall zu fett werden dürfen.

Dann die etwas knusprige Kruste des Spanferkels mit Bier übergießen, die Temperatur auf ca. 220°

erhöhen und alles nochmal ca. 20 Minuten backen, bis die Kruste perfekt ist. Entnehmen, die Spanferkelteile zur Seite legen, das Gemüse mit dem ganzen Fett in einen Topf füllen und 10 Minuten stehen lassen. Dann lässt sich das Fett abschöpfen. Das Gemüse mit dem Schaumlöffel aus dem Bratensaft nehmen, den Bratensaft mit etwas Wasser aufgießen, aufkochen und mit Rotwein abschmecken. Nach Geschmack mit etwas Mehl abbinden.

Schultern und Keulen von unten vom Knochen lösen und in schöne Stücke zerschneiden.

Die Seiten an den Rippen entlang in 3-4 Stücke teilen. Auf eine vorgewärmte Platte legen und mit Kartoffeln, Sauce, Brot und gemischtem Salat servieren.

Die Orangen: einmalig & unwiderstehlich

»Feigen, Oliven, Mandeln und Orangen wachsen auf Mallorca im Überfluß, doch hat der Handel damit wegen der dürftigen Wegeverhältnisse im Innern der Insel längst nicht die mögliche Ausdehnung und Betriebsamkeit. 500 Orangen kosten beim Erzeuger ungefähr 3 Francs; um aber diese umfängliche Last auf Maultierrücken vom Innern an die Küste zu befördern, muß man fast den gleichen Betrag rechnen, den der Warenwert ausmacht. In Anbetracht dessen vernachlässigt man den Orangenbau im Innern der Insel. Nur im Tal von Soller und an den Buchten, wo unsere kleinen Fruchtschiffe laden können, gibt es zahlreiche Orangenbäume. Sie würden jedoch überall gedeihen. So hatten wir in unserem Bergland von Valldemosa, einer der kühlsten Gegenden der Insel, Zitronen und herrliche Orangen, obgleich sie später reiften als die von Soller. In La Granja, ebenfalls in bergigem Gelände, haben wir kopfgroße Limonen gepflückt. Mir scheint, als könnte Mallorca allein ganz Frankreich mit seinen köstlichen Früchten zum gleichen Preis versorgen, den wir für die grässlichen Orangen aus Hyères und von der genuesischen Küste anlegen müssen. Dieser Erwerbszweig, mit dem sich die Mallorquiner so brüsten, wird wie alles andere durch stolze Lässigkeit niedergehalten.« (WaM, S. 49)

Die Orangen von Sóller werden heute zwar nicht mehr als Delikatesse exportiert, aber ihr Ruf ist nach wie vor groß – sie gelten als die feinsten Spaniens –, denn sie reifen hier, von den Bergen geschützt, unvergleichlich gut. In den Gärten hier und in Fornalutx wird zwei- bis dreimal im Jahr geerntet, oft sind an einem Baum Blüten und Früchte gleichzeitig zu sehen. Leider bietet sich die von Bergen bewachte Unschuld Sóllers durch einen neu gebauten Tunnel den Fremden geradezu feil. Wer noch etwas empfinden will von der Entdeckerlust, die früher die Reisenden überkam, wenn sich die Geheimnisvolle endlich leuchtend offenbarte, sollte von Palma aus mit dem Zug dorthin fahren, einer hölzernen Nostalgiebahn, neunzig Jahre alt, die sich zwar ›Roter Blitz‹ nennt, aber für die 27 Kilometer durch die Serra Alfabia eine geschlagene Stunde braucht. Sie ist jedoch die einzige Privatbahn Europas, die richtig Geld bringt.

»Im Orangenhain überfressen sich Maurice und Solange mit Orangen, davon werden sie krank.«
Unterschrift von Maurice Sand unter einer eigenhändigen Zeichnung, 1839.

Die Olivenbäume:

»Man behauptet auf der Insel, es gebe keine Pflanzung von Olivenbäumen, die nach der Römerzeit angelegt wurde. Da ich das Gegenteil nicht beweisen kann, will ich das nicht anzweifeln. Im übrigen habe ich nicht die geringste Lust dazu, denn bei dem unheimlichen Aussehen, dem regellosen Wuchs und der grimmigen Gebärde dieser geheimnisvollen Bäume hat meine Phantasie sie ohne weiteres als Zeitgenossen Hannibals anerkannt.«
(WaM, S. 238)

Für Kenner unverwechselbar: Die mallorquinischen Oliven haben ein würziges, leicht bitteres Aroma. Als Delikatesse gelten die *olives pancides,* die getrockneten schwarzen Oliven aus Valldemossa.

Die grünen werden halbreif geerntet und ein halbes bis ein ganzes Jahr in großen Bottichen eingelegt. Die schwarzen werden reif gepflückt, schmecken milder und liegen nur ein Vierteljahr in der Lake. Eine graugrüne Sorte, eingelegt zwischen Zitronenscheiben und Fenchelkraut, wird *per a picar* – zum Naschen – in ländlichen Gasthäusern zum Aperitif serviert.

grimmig & geheimnisvoll

Die Oliven: köstlich

Die Gutsherrin von Nohant wollte es wissen: Warum hatten sie mit ihren Anstrengungen im Agrarbereich so wenig Erfolg, obwohl das Klima alles für Spitzenqualität tat? Sie fand die Ursache, als sie sich mit dem mangelnden Profit aus der Orangenernte beschäftigt, in der Psychologie der Bewohner: Der eigentlich blühende Erwerbszweig Zitrusfrüchte, meinte George Sand, werde schlicht »durch stolze Lässigkeit niedergehalten.« Und sie behauptet:

»Das gleiche gilt für den reichen Ertrag der Olivenbäume, die sicher die schönsten auf der Welt sind und die von den Mallorquinern dank der maurischen Überlieferung mit großer Kennerschaft kultiviert werden. Leider können sie aus den Oliven nur ein ranziges Öl gewinnen, von dem uns übel wird; es stinkt derart, daß jedes Haus, jeder Mensch, jedes Fahrzeug auf der Insel, ja sogar die Luft auf den Feldern von dem Gestank durchtränkt ist. Da alle Gerichte mit diesem Öl zubereitet werden, steigen seine Dünste täglich zwei- oder dreimal von jedem Herd auf und setzen sich im Mauerwerk fest. Wenn man sich im freien Gelände verläuft, braucht man nur zu schnuppern; trägt einem die Brise die Witterung von ranzigem Olivenöl zu, darf man gewiß sein, daß sich hinter diesem Felsen oder in jenem Kaktusgestrüpp eine menschliche Behausung befindet. Wird einem an der unwirtlichsten und einsamsten Stelle dieser Duft zugetragen, braucht man bloß aufzuschauen; man wird in hundert Schritten Entfernung einen Mallorquiner auf seinem Esel sehen, wie er den Hügel herab auf einen zutrabt. Das ist kein Witz und keine Übertreibung, sondern die reine Wahrheit. Dieses widerliche Öl lässt sich in nennenswerten Mengen nur nach Spanien exportieren, wo man ebenfalls Geschmack daran findet.« (WaM, S. 50)

»Wir haben einen enormen Konsum von Olivenöl in Frankreich; was man aber bekommt, ist schlecht und unerhört teuer. Wendete man unsere Raffinierungsverfahren auf Mallorca an und hätte die Insel ein Straßennetz, bestünden schließlich regelmäßige Schiffsverbindungen, so würden wir über sehr viel billigeres Olivenöl verfügen, das zudem reiner und reichlicher wäre, selbst wenn der Winter hart war.«
(WaM, S. 51)

Das Öl: ranzig

Bei Besuchern heute löst George Sands Beurteilung des mallorquinischen Olivenöls eher Kopfschütteln aus: Sie reißen sich darum, von einer der drei Ölmühlen – vor dreißig Jahren waren es noch fünfhundert – hier im Direktverkauf etwas zu ergattern, obwohl das Öl ziemlich teuer ist. Nur einer der Ölmüller, Bartomeu (Tomeu) Deyá Canals, garantiert, dass er ausschließlich Oliven aus seinen eignen Pflanzungen in Fornalutx verwendet und keine Importware vom Festland. Das Olivenöl auf Mallorca hat mittlerweile einen guten Ruf, auch wenn es schwerer und weniger fruchtig schmeckt als zum Beispiel das aus Ligurien oder vom Gardasee. *Pa amb oli,* das mit Knoblauch und Tomaten eingeriebene und mit Olivenöl beträufelte ungesalzene Weißbrot, ist deswegen hier wie die bruschetta in Italien längst zum unkomplizierten Liebling auch der Fremden geworden.

Übrigens: Offenbar war der Widerwille gegen das mallorquinische Ölivenöl zumindest bei Chopin anfangs weniger ausgeprägt, denn während der Zeit in Son Vent absolvierte er brav täglich einen Kräftigungsspaziergang und ließ sich danach in der Ölmühle von Son Gual mit Brot und Öl bewirten. War er weniger verwöhnt oder George Sand zu kritisch?

Die Ketten aus Tomaten & Pfefferschoten: dekorativ und üppig

Das Wohnhaus hat meist zwei Stockwerke und ein Flachdach; das vorkragende Sims beschattet ein durchbrochenes Dachgeschoß, das sich mit dem Zinnenkranz eines florentinischen Palastes vergleichen läßt. Diese symmetrische Krönung verleiht den hinfälligsten und ärmlichsten Gebäuden einen Anschein von Glanz und Kraft, und die riesigen Bündel von Maiskorn, die zum Trocknen aus jeder Dachluke heraushängen, bilden mit den langen Ketten von Tomaten und Pfefferschoten eine dichte Girlande in Dunkelgelb und Rot; das wirkt dekorativ und unglaublich üppig.« (WaM, S. 77/78)

Die Tomaten kamen wie der Mais und die Kartoffeln nicht mit den Mauren, sondern mit den Spaniern nach Mallorca. Besonders intensiv schmecken die *tomàtigues de ramellet,* die dickschaligen gelblichen Wintertomaten. Im Winter wurden bei manchen Gerichten wie den *Sopes* früher aber auch die Tomaten durch getrocknete Aprikosen ersetzt. Die interessanten Gemüse-Aprikosen-Eintöpfe finden sich noch immer auf traditionellen Speisekarten.

Tomaten kommen in mallorquinischen Gerichten so häufig vor wie deutsche Gäste in Port d'Andraitx, doch es gelingt ihnen, auch ganz unauffällig aufzutreten, zum Beispiel als *sofrit.* Dieser Joker der hiesigen Küche, der bei jeder kulinarischen Fleisch-, Fisch- oder Gemüsekomposition mitspielen darf, ist nichts anderes als eine dickliche Tomatensauce, angereichert mit in Olivenöl gedünsteten gehackten Zwiebeln und zerriebenen Knoblauchzehen.

Die Kaktusfeigen:

beliebt & abscheulich

»Das Haus ist gewöhnlich von einer dichten Feigenkaktushecke umgeben; deren bizarre Teller verschlingen sich zu einer Mauer, welche die wackeligen Schafhürden aus Seegras und Schilfrohr vor den kalten Winden schützt. Da diese Bauern sich untereinander nie bestehlen, brauchen sie keine weitere Umzäunung. Mandel- und Orangenbäume fassen die Gärten ein, in denen außer Pfefferschoten und Tomaten kein anderes Gemüse angebaut wird. Das Farbenspiel von all dem ist prächtig, und das hübsche Bild wird oft durch eine einzelne Palme vervollständigt, die im Hof ihren gefiederten Schirm aufspannt oder sich von der Seite her der Häusergruppe grüßend zuneigt wie ein edler Federbusch.« (WaM, S. 78)

»Um Kaktusfeigen wurde nicht gefeilscht, denn das ist die abscheulichste Frucht, die ich kenne.« (WaM, S. 205)

Offenbar hatte George Sand keine Handschuhe dabei und versuchte, den Früchten des Opuntienkaktus, der hier wie Unkraut gedeiht, mit nackten Fingern zu Leibe zu rücken. Dagegen wehren sie sich mit heimtückischen Widerhaken, was sich auf der Haut so angenehm anfühlt wie zerriebene Glaswolle und üble Entzündungen hervorrufen kann. So werden diese Distelfeigen freilich abscheulich. Wer sich aber beherzt und behandschuht an die grünen, gelben und roten Früchte wagt, löffelt mit Freuden aus, was er sich eingebrockt hat – am besten wie ein weiches Ei. Chopin hätte es mit der Kaktusfeige sogar aus diätetischen Gründen versuchen sollen, denn ihr süßsaures Fleisch fördert die Verdauung, entschlackt und ist sehr vitaminreich.

Die Myrten: symbolisch & alkoholisch

»Wir waren seit drei Wochen in Establiments, als die Regenperiode einsetzte. Bis dahin hatten wir herrliches Wetter gehabt; die Zitronenbäume und Myrten blühten noch, und an einem der ersten Dezembertage blieb ich bis fünf Uhr morgens im Freien auf der Terrasse und fühlte mich wohlig warm. Gerade mir kann man das glauben, denn ich kenne niemand auf der Welt, der so leicht fröstelt.« (WaM, S. 84)

Der mallorquinische Pragmatismus liegt auf der Hand und auf der Zunge. Myrten werden hier weniger als Brautschmuck, denn als unverzichtbare Zutat für den *herbes* verwendet, einen Kräuterschnaps, der hier getrunken wird wie Chianti im Chianti. Ob es sich um eine trockene *(seques)*, halbtrockene *(semiseques)* oder süße *(dolces)* Version des *herbes* handelt: Minze, Rosmarin, Ysop, Lavendel, Anis und eben die eher ungewohnte Myrte sind obligate Ingredienzien – bis zu zwanzig andere wildwachsende Inselkräuter können hinzukommen. Die Kräuter für den *herbes* werden am Johannistag – *St. Joan*, also am 24. Juni angesetzt und mehrere Wochen in *cassaia*, einem Anisbrand, mazeriert. Auch wenn die Touristen sich mit dem grüngoldenen *herbes* wie dem dunkelbraunen Kräuterlikör *palo* zügig anfreunden: er steht außer jeden modischen Verdachts, denn nachweislich haben ihn die Mallorquiner schon vor rund 2000 Jahren gebraut. Und in Zeiten, als ihnen die Reblaus den Wein wegfraß, auch als Essensbegleiter genossen.

Die Stille: himmlisch & tierisch

»Auf Mallorca ist die Stille tiefer als anderswo; unterbrochen wird sie nur zuweilen, wenn Esel und Maultier auf nächtlicher Weide ihre Glocken schütteln, die heller und melodischer klingen als die der Schweizer Kühe. Der Bolero ist in den dunkelsten Nächten an den verlassensten Orten zu hören. Es gibt keinen Bauern ohne Gitarre; sie begleitet ihn jederzeit.« (WaM, S. 85)

Die Schweine wachten auf und machten einen unbeschreiblichen Lärm. Der Bauer und Familienvater wurde von der Stimme seiner geliebten Säue geweckt wie die Mutter vom Weinen ihres Kindes. Ich hörte ihn ans Fenster kommen und die Stallinsassen in strengem Tone ausschimpfen. Die Schweine verstanden ihn sehr wohl, denn sie wurden still. Anscheinend als Schlafmittel begann der Bauer, seinen Rosenkranz herzubeten;« (WaM, S. 86)

Der Knoblauch:

Während meiner Wohnungssuche in Palma war ich in vielen Häusern; sie ähnelten einander in allem und jedem so stark, daß ich daraus auf einen einheitlichen Charakter der Bewohner schließen konnte. … Alles zeugte von stumpfer Untätigkeit; kein Buch, keine weibliche Handarbeit; die Männer lesen nicht, die Frauen nähen nicht einmal. Das einzige Zeichen häuslichen Wirkens ist der Duft von Knoblauch, der diskret verrät, daß gekocht wird; die einzigen Spuren eines gemütlichen Zeitvertreibs sind die über den Fußboden verstreuten Zigarrenstummel.« (WaM, S. 101)

In Gregor von Rezzoris »Maghrebinischen Geschichten« soll ein Maghrebiner anhand einer Atemprobe erraten, was ein anderer gegessen hat, tippt aufgrund der Knoblauchfahne auf Knoblauchsuppe oder Hammelbraten. Und erfährt, dass es sich um Erdbeersorbet gehandelt hat. Ähnliches könnte einem auch auf Mallorca widerfahren, denn Knoblauch gilt hier als ein besonders anpassungsfähiges Ingrediens, das sich mit Schokolade und Orangen bestens verträgt.

Ganz unangepasst tritt er in *allioli* auf, als die im Mittelmeerraum übliche Knoblauchmayonnaise, mit Olivenöl gerührt, oder in der Knoblauchsuppe, die hier *pancuit* heißt. Wer jenem Liliengewächs, das sich auch ›stinkende Rose‹ oder ›maghrebinischer Lotos‹ nennt, wirklich gerecht werden will, sollte sich auf Mallorca einen guten Mörser zulegen, in dem die in Scheibchen geschnittenen, geschälten Zehen zerrieben werden. Die Knoblauchpresse ist ein Gerät für Knoblauchignoranten.

stinkend & allgegenwärtig

Valldemossa: einsam & paradiesisch

Die feinste und bekömmlichste Delikatesse für Lungenkranke mit Magenproblemen ist reine Luft. Und für strapazierte Nerven ist klösterliche Stille die wahre Erholung. Der Ratschlag des französischen Konsuls Flury (meistens falsch als Fleury geschrieben) war so betrachtet für Frédéric und George gleichermaßen ideal: das ehemalige Kartäuserkloster beim Bergdorf Valldemossa.

Bei der gern kolportierten Geschichte, der Vermieter in Son Vent habe die Gäste unter Androhung hoher Geldstrafen vor die Tür gesetzt, aus Angst, der blasse, hustende Musiker verseuche sein Haus mit Turbekelbazillen, handelt es sich aber wohl nur um eine Märtyrer-Legende. Denn der Einzug in die Kartause, die nach der Säkularisation 1835 Zelle für Zelle (jede mit einer Garteneinheit) an Privatkunden verkauft worden war, scheint bereits in Palma geplant gewesen zu sein. Von dort schrieb nämlich Chopin an einen polnischen Freund: »Ich werde wahrscheinlich demnächst in einem wunderbaren Kloster leben, es hat die schönste Lage auf der ganzen Welt; Meer, Berge, Palmen, ein Friedhof, eine Kreuzritterkirche, Ruinen einer Moschee, alte, tausendjährige Olivenbäume.«

Was die Lage anging, hatte er recht, was die Ruinen anging, wurde ihm diese Bemerkung lange als Irrtum angekreidet. »Es hat in Valldemosa nie eine Moschee gegeben«, kommentierte streng Bartomeu Fera in seinem kleinen Band über ›Chopin und George Sand auf Mallorca‹. Doch wer sich mit der Geschichte des Ortes, also auch seines Namens beschäftigt, muss zu der Ansicht gelangen, dass Chopin wahrscheinlich nicht irrte. Das Kloster *Sa Cartoixa de Jesús Natzarè Valldemossa*, die Kartause des Jesus von Nazareth, wurde nämlich auf einem Grund errichtet, der früher, im 12. Jahrhundert, zum Landgut eines gewissen Wali de Musa gehört hatte, eines reichen maurischen Gutsherrn. Doch die Erinnerung daran wurde von den Christen gründlich getilgt. 1229 hatte der einundzwanzigjährige Aragonier Jaime I. die Insel von der arabischen Herrschaft befreit, was Unfreiheit, Verfolgung und Ermordung für alle Andersgläubigen, also für Muslime und Juden, bedeutete. Das Tal wurde Vall de Mus genannt, aber keiner wusste mehr, warum.

Jaumes Nachfolger Jaime II., Gründer des Königreichs Mallorca, fand hier oben, in der Bergeinsamkeit, den perfekten Kurort für seinen asthmakranken Sohn, Sanc I.; dort, wo das Gehöft des Wali de Musa gestanden hatte, ließ er ein Sommerschloss hinsetzen, dem die Moschee des Gutsherrn sicher zum Opfer fiel. Nach dem Sturz der Aragonier wurde dieses Kastell dann den Mönchen überlassen, die es zum Kloster umbauten. Chopins Behauptung, sein Freund, der spanische Premierminister Mendizábal, mit dem er von Perpignan nach Palma gereist war, habe »die Kartäuser für ihn vertrieben«, deuten nur ironiesistente Menschen als Künstler-Naivität.

Um die Dezembermitte machten wir uns an einem klaren Morgen bei strahlender Herbstsonne nach Valldemosa auf den Weg, um unsere Kartause in Besitz zu nehmen. Als wir die fruchtbare Ebene von Establiments hinter uns gelassen hatten, erreichten wir jenes wechselhafte Gelände, bald waldig, bald felsig-trocken und dann wieder feucht und frisch, wie von unsichtbarer Hand durcheinandergewürfelt. Ausgenommen einige Täler der Pyrenäen hat sich die Natur mir gegenüber niemals so freigebig in ihren Erscheinungsformen gezeigt wie in diesem mallorquinischen Buschland, das eine recht beträchtliche Fläche bedeckt und die prahlerische Behauptung der Mallorquiner Lügen zu strafen scheint, sie hätten den gesamten Boden der Insel mit höchster Vollkommenheit kultiviert.

Ich dachte nicht daran, ihnen deswegen böse zu sein, denn nichts ist schöner als solche verwilderten Gegenden: verkrümmte, verbogene, zerzauste Bäume, furchterregende Dornensträucher, herrliche Blumen, Moos- und Binsenteppiche, stachelige Kapernbüsche, zarte und bezaubernde Asphodelen.«
(WaM, S. 151)

Kapern, die Blütenknospen des Strauchs, werden im Juni geerntet und zum Konservieren in Essigwasser eingelegt. Bis heute haben die mallorquinischen den Ruf, der Kaviar unter ihresgleichen zu sein. »Grünes Gold« hießen sie hier früher, weil ihr Export viel Geld eintrug. Was uns in unserem Größenwahn schwer fällt ist die Einsicht, die hier Allgemeingut ist: je kleiner die Kaper, desto besser und kostbarer. Kapern werden in Mallorca besonders gern für Fischgerichte und Salat verwendet, aber auch für uns ungewohnte Saucen – zum Beispiel zum Kaninchen.

Chopins anfängliche Begeisterung wich bald einer kritischen Sicht der vermeintlichen Idylle. An seinen Freund Julius Fontana schreibt er am 28. Dezember 1838: *»…stelle Dir mich in einer Zelle vor mit einer Tür, einem Tor, wie es nie eines in Paris gab, unfrisiert, ohne weiße Handschuhe, blass wie immer. Die Zelle hat die Form eines hohen Sarges, das Deckengewölbe ist gewaltig, verstaubt, das Fenster klein, vor dem Fenster Apfelsinen, Palmen, Zypressen; dem Fenster gegenüber, unter einer mauretanischen filigranartigen Rosette, steht mein Gurt-Bett. Neben dem Bett ein alter, quadratischer, intouchabler Schreibtisch, der sich kaum benutzen lässt, darauf ein Bleichleuchter (hier ein großer Luxus)…«* Und gibt zu erkennen, dass die Abgeschiedenheit ihn zu quälen beginnt: *»Stille … man könnte schreien … und wieder Stille.«*

Trotz baufälligen Mobiliars und leicht klaustrophobischer Anfälle war er hier ungemein produktiv: Er komponierte den Großteil seiner Préludes und vollendete die, die er unfertig mitgebracht hatte. Außerdem entstanden hier einige Mazurken und Etuden, die C-Moll-Polonaise Opus 40 und die zweite Ballade in F-Dur, Opus 38.

Restaurant

XORIGUER

Tolo Trias und Oscar Martinez
C./Fábrica, 60
07013 Palma de Mallorca
Tel.+Fax: + 971 28 83 38
e-mail: xoriguercb@inicia.es

Fragen an Oscar

Ein offenes Bekenntnis: Tolo Trias und Oscar Martinez machen aus ihrem Erfolg kein Geheimnis. Die Küche an der Stirnseite des puristischen Lokals ist offen einsehbar. Und die Herkunft ihrer Produkte jedem bekannt: Fisch und Meeresfrüchte kommen von dort, wo auch die beiden herkommen – aus Sóller, wo die örtliche Fischhalle beste Qualität anbietet. Obst und Gemüse kommen aus der Markthalle Santa Catalina, zweihundert Meter vom Lokal entfernt. Und was auf der Speisekarte steht, erklärt sich ganz einfach: das Marktangebot bestimmt.

1. Wie lange leben Sie auf Mallorca?
– Ich bin in Sóller geboren und aufgewachsen.

2. Warum haben Sie sich für Ihren jetzigen Standort entschieden?
– Weil es hier plötzlich eine aufregende gastronomische Aufbruchstimmung gibt.

3. Welche Jahreszeit/welche Monate lieben Sie am meisten und welche am wenigsten?
– Am liebsten ist mir der Herbst, am wenigsten mag ich den Winter.

4. Welche Aromen und Gerüche verbinden Sie mit der Insel allgemein?
– Ich finde den Geruch der feuchten Erde im Winter besonders typisch.

5. …und welche mit der Ecke, in der Sie leben?
– *Wir leben in Sóller, daher ist für uns der Duft der blühenden Orangenbäume im Frühling etwas Unverwechselbares.*

6. Was ist schwierig im Umgang mit den Mallorquinern?
– *Wir sind ziemlich dickköpfig.*

7. Und worin sind die Einheimischen unkompliziert?
– *Wir sind sehr traditionell und legen Wert auf unsere eigene Kultur.*

8. Was ist an den kulinarischen Traditionen Mallorcas heute unverdaulich? Was sollte man Ihrer Ansicht nach vergessen oder ändern?
– *Die Winter-Gerichte, die als Hauptbestandteil Schweinefleisch haben, sind für heutige Verhältnisse zu schwer. Aber es lohnt sich, sie zu modernisieren.*

9. Welche Früchte, Gemüse, Fische, Kräuter, Gewürze, Fleischsorten oder Gerichte, die typisch mallorquinisch sind, haben Sie inspiriert? Was ist Ihr mallorquinisches Lieblingsgericht?
– *Lamm, Kaninchen, »sobrassada« (Mettwurst aus Schweinefleisch, Paprika, Pfeffer, Salz), Ramellet-Tomaten (zum Zopf geflochtene, an der Luft getrocknete Tomaten), Orangen.*

10. Wenn Sie auf Mallorca zwei Wochen lang das Gleiche essen und trinken müssten: Wofür würden Sie sich entscheiden?
– *»Pa amb oli« und Wasser aus Sóller.*

11. Ein einfaches Liebesmahl à la Mallorca: Was servieren Sie? Und welchen Wein gibt es dazu?
– *Kaninchenrücken mit Zwiebeln und Kaisergranaten. Dazu einen frischen trockenen mallorquinischen Weißwein, wie z.B. den Chardonnay von Miquel Gelabert.*

Llom de conill amb cigales

(Kaninchenrücken mit Zwiebeln und Kaisergranaten)

Zutaten für 4 Personen

8 Kaninchenrücken
12 Gemüse-Zwiebeln
2 Karotten
Olivenöl
2 dl Brandy
Mehl
12 Kaisergranaten
1 Stange Lauch
3 reife Tomaten
1 Esslöffel süßes Paprika-Pulver
100 g Butter
2 Blatt Filo-Teig

Zubereitung

Creme aus Kaisergranaten und Zwiebeln

1. Kopf und Panzer der Kaisergranaten entfernen, den Darm heraus kratzen; die Kaisergranaten im Kühlschrank aufbewahren.

2. Das Gemüse waschen, schälen und in Stücke schneiden.

3. Lauch, Karotten und 1 Zwiebel goldbraun anbraten. Die Köpfe der Kaisergranaten hinzugeben und flambieren, den gemahlenen Paprika und die Tomate hinzugeben. Mit Wasser bedecken und solange kochen lassen, bis alles auf die Hälfte reduziert ist.

4. In einem Topf 8 oder 9 in Streifen geschnittene Zwiebeln glasig anschwitzen. Wenn diese weich sind, die Brühe vom Kaisergranaten-Fleisch hinzugeben und ca. 25 Minuten kochen lassen. Zerkleinern und absieben.

Gebratene Zwiebeln

1. Die Zwiebel in nicht zu feine Ringe schneiden und mit kochendem Wasser überbrühen, dann mit Wasser und Eis abschrecken, abtropfen und mit Milch bedeckt im Kühlschrank aufbewahren.

Filo-Teig, eigentlich eine arabische Erfindung, ist sehr feinblättrig und fertig erhältlich, bei uns zu Lande in allen türkischen und griechischen Feinkostläden.

Kaninchenrücken

1. Die Kaninchenrücken in einer Pfanne in Öl auf starker Flamme goldbraun anbraten und mit Salz und Pfeffer würzen. Darauf achten, dass sie innen roh bleiben.

2. Die Blätter Filo-Teig halbieren, alle vier Hälften mit aufgeweichter Butter bestreichen, jeweils zwei Kaninchenrücken darin einwickeln.

Anrichten:

1. Die Kaninchenrücken im Ofen bei ca. 190°C so lange braten, bis sie goldbraun sind.

2. Die Zwiebel abtropfen lassen und mit Mehl bestreuen. Goldbraun und kross anbraten.

3. Die Kaisergranaten auf starkem Feuer goldbraun werden lassen, hierbei darauf achten, dass sie nicht zu trocken werden.

4. Das Gericht möglichst großzügig anrichten.

Das Küchenpersonal: gratis, aber teuer

George Sand erwies sich auf Mallorca als eine Freundin, wie sie sich zarte Künstlerseelen wünschen: pragmatisch, energisch und kämpferisch. Sie hielt ihrem geschwächten Liebhaber jeden Ärger vom Hals. Vor allem die Personal-Querelen, die sie als Gutsbesitzerin gewohnt war. Obwohl Chopin von diesen alltäglichen Ärgernissen nichts mitbekommen sollte, machte er seine nicht eben vertrauensbildenden Beobachtungen, wie er in einem Brief an Julian Fontana, der Chopins Pariser Appartement während dessen Abwesenheit bewohnte, kurz nach Weihnachten berichtet:

»Die Natur ist hier wohltätig, aber die Menschen sind Diebe, denn sie sehen nie Fremde, wissen folglich nicht, was sie von ihnen fordern sollen. Die Apfelsinen geben sie umsonst, ein Hosenknopf dagegen kostet eine märchenhafte Summe. Doch das alles ist ein grano Sand bei diesem Himmel, bei dieser Poesie, die hier von allem ausgeht, bei den lebhaften Farben dieser Landschaft. Es ist eine der schönsten der Erde und die Augen der Menschen haben sie noch nicht abgenutzt. Kaum hat je einer diese Adler aufgescheucht, die täglich über unseren Köpfen kreisen.«

Die Adler kreisen noch immer: Fischadler über den Stauseen, Zwerg-, Habichts- und Schlangenadler über den Hochtälern. Auch der imposante Mönchsgeier, der *voltar negre,* wurde vor dem Aussterben bewahrt. Insgesamt fühlen sich noch dreihundertfünfzig Vogelarten auf der Insel wohl. Offenbar stört es sie nicht, dass mittlerweile jährlich über sieben Millionen touristische Augenpaare die Schönheit der mallorquinischen Landschaft abnutzen. Gehalten haben sich, wie selbst die heftigsten Verteidiger der Mallorquiner einräumen, gewitzte Diebe – vielleicht eine Art Selbstverteidigung oder Revanche von ein paar Einheimischen, die zahlenmäßig weit unterlegen sind. Eine deutsche Reisezeitschrift warnt ausdrücklich davor, die Einsamkeit einer abgelegenen Finca als Garantie für paradiesische Vertrauensverhältnisse zu betrachten: *»Trauen Sie niemandem, der ›Ihre‹ Finca betritt und der sich nicht ausweisen kann oder den sie nicht kennen. Mancher gibt sich als Gärtner oder Putzfrau aus und hat es auf Ihre Wertsachen abgesehen.«*

Maria Antonia war eine Art Haushälterin, die, soviel mir bekannt ist, vom spanischen Festland herübergekommen war, um dem Elend zu entgehen. Sie hatte sich eine Zelle gemietet, um die Sommergäste auszubeuten. Sie lag neben der unsrigen und diente uns als Küche, während Maria Antonia als unsere Wirtschafterin galt. Eine verwelkte Schönheit, war sie noch immer schlank und adrett, gab vor, aus guter Familie zu sein, hatte charmante Manieren und eine angenehme Stimme, war katzenfreundlich, redete einem nach dem Munde und übte eine sonderbare Art von Gastfreundschaft. Sie pflegte den Neuankömmlingen ihre Dienste anzubieten, aber mit tiefgekränkter Miene und vor Entsetzen das Gesicht verbergend lehnte sie jede Art von Entlohnung für ihre Mühe ab. Sie würde es tun, so sagte sie, Gott zuliebe, aus Hilfsbereitschaft und in der einzigen Absicht, sich die Nachbarn zu Freunden zu machen. Ihr Mobiliar bestand aus einem Gurtbett, einem Fußwärmer, einem *brasero*, zwei Stühlen, einem Kruzifix und etwas Tongeschirr. Großzügig stellte sie all das zur Verfügung, brachte das Dienstmädchen bei sich unter und übernahm das mitgebrachte Küchengerät.

Sobald sie aber die Regentschaft eines Haushalts angetreten hatte, rahmte sie für sich das Beste von Putzkram und Eßbarem ab. Ich habe nie einen frommen Mund gesehen, der genäschiger war, oder flinkere Finger, um, ohne sich zu verbrennen, aus kochenden Töpfen zu fischen oder einen dehnbareren Schlund, um heimlich den Zucker und den Kaffee der geliebten Herrschaft zu verschlucken und dabei ein Kirchenlied zu summen oder einen *bolero* zu trällern.« (WaM, S.162-164)

Die Familie war reich und stolz
und hatte ein Haus im Dorf; man machte
täglich die Runde und besuchte dabei auch Maria Antonia,
die alle einlud, unser Abendbrot zu essen, wenn
sie selbst keinen Appetit hatte.«
(WaM, S. 165)

1838
la cuisinière

Die Vorräte.

»Für einen unbeteiligten Beobachter wäre es vermutlich erheiternd gewesen, der guten Antonia, der großen valldemosaner Hexe, unserem Stubenmädchen Catalina, und der *niña,* dem kleinen struppigen Scheusal, das uns Hilfsdienste leistete, zuzuschauen, wie sie sich alle drei über unser Essen hermachten. Das war zur Stunde des Angelus, des Gebets, das herzumiauen diese drei Katzen niemals versäumten: die beiden Alten im Duett beim Einhauen auf alle Gänge unserer Mahlzeit, die Kleine jeweils *Amen* respondierend und dabei mit unvergleichlicher Geschicklichkeit ein Kotelett oder eine kandierte Frucht stibitzend. Wenn es auch ein Bild zum Malen war, war es doch klüger so zu tun, als sähe man nichts; als aber Regen häufig die Verbindung mit Palma unterbrach und die Lebensmittel knapp wurden, fanden wir die ›Bedienung‹ nach Art der Maria Antonia und ihrer Bande weniger drollig, und ich mußte mich mit meinen Kindern ablösen, unsere Vorräte zu bewachen. Ich kann mich erinnern, daß ich, unter meinem Kopfkissen, einen Korb voll Zwiebäcke bebrütet habe, die wir fürs Frühstück am nächsten Morgen brauchten, und daß ich manchmal wie ein Geier über dem Fischgericht auf unserem Herd im Freien schwebte, um die kleineren Raubvögel zu verscheuchen, die uns nichts als Gräten übriggelassen hätten.«
(WaM, S. 164/165)

scharf bewacht

Zu George Sands Zeit und noch weit in das 20. Jahrhundert hinein, galten Fische und Meeresfrüchte als Armeleute-Essen, heute gelten gerade sie als kulinarisches Kennzeichen der Insel, denn wo das Meer nah ist, muss der Fisch fangfrisch sein. Leider ist er es meistens nicht. Der Reichtum an verschiedenen Brassen ist zwar nicht zerstört und die drei Spezialitäten unter den einheimischen Fischen gedeihen noch vor der Küste.

Der *llampuga*, der sogenannte Gewitterfisch, weiß und festfleischig, der nur zur Zeit der Herbstgewitter von September bis Oktober Saison hat. Der *jonquillo*, ein winzig kleiner Fisch; *jonquillos* werden durch einen Teig gezogen und im Ganzen frittiert. Der *raó*, ein Fisch mit so schöner Zeichnung, dass man ihn am liebsten nicht essen würde – aber sein Fleisch ist fein und hocharomatisch. Doch das Meer um Mallorca und seine Schwesterninseln ist

mittlerweile derart überfischt, dass nur noch findige Restaurateure mit guten Beziehungen an die einheimische Ware kommen; die anderen müssen sich zufrieden geben mit Fischimport.

Die jungen zugewanderten Köche entdecken allmählich erst die authentischen Gerichte der Insel wieder. Zum Beispiel den *peix a la mallorquina,* der jeweilige Fisch des Tages, geschmort im Tontopf mit Kapern, Mangold und Karotten. Oder den für Hamburger Gourmets befremdlichen *clatell de lluç,* den Kopf und Nacken des Seehechts, der zuerst gegrillt und dann im Ofen geschmort wird in seinem Saft, mit Essig, Öl, Zwiebeln und Knoblauch. Oder auch jene Kombinationen, die Uneingeweihte befremden: Hummerkrabben mit Schokolade, zum Beispiel oder Meerbarbe mit Kaffee. Dies alles keineswegs verwegene Ausbrüche inselfremder Kreativität, vielmehr Relikte jenes Kulturgemischs, das Mallorca aufregend und einzigartig macht: aus dem Gebiet von George Sands Heimat Frankreich waren die ersten Bewohner gekommen, die Karthager gründeten hier Handelsniederlassungen, die Römer verhalfen der Insel zu einem beachtlichen Reichtum, die Araber beherrschten es mehr als 300 Jahre, wurden von den Königen Kataloniens und Aragóns vertrieben.

Und allen Pogromen zum Trotz haben sich hier auch die Juden gehalten und in der Architektur und der Küche ihre Spuren hinterlassen.

Der Tintenfisch: nur für Einheimische

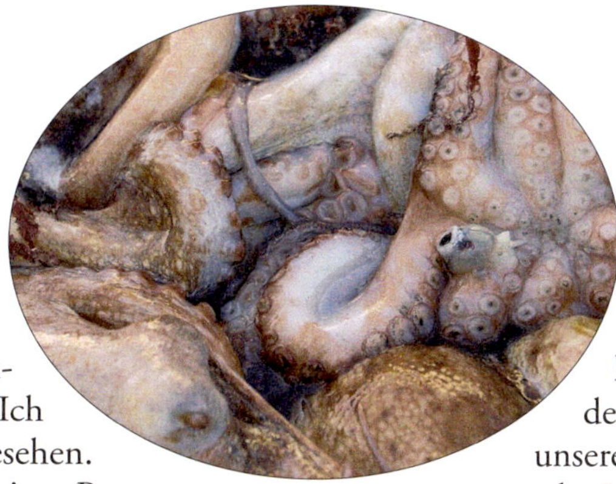

Eines Tages kauften wir uns einen *pulpo* oder Polypen, weil wir uns so ein Ungetüm einmal näher angucken wollten. Ich habe nie etwas Gräßlicheres gesehen. Sein Leib war so groß wie der eines Puters, seine Augen waren dick wie Orangen, und seine schlaffen, gräßlichen Arme waren ausgestreckt anderthalb Meter lang. Sein Äußeres vertrieb uns den Appetit; wir stifteten das Biest unserer Maria Antonia, die es zubereitete und mit Genuß aß.«
(WaM, S. 203)

Für Tintenfisch, vor allem für die kleineren *calamars,* existieren auf Mallorca viele ungewöhnliche Rezepte – süße wie scharfe, fleischige wie gemüsige Füllungen. Im Sommer aber werden die *calamars* oft nur auf den Grill gelegt und mit *pa moreno* gegessen, was den Touristen eher vertraut ist, also besser schmeckt als ein deftiges, ursprüngliches Tintenfischgericht wie *sípia amb trempó.* Hierfür werden Tintenfischringe mit Tomaten, Paprika und Knoblauch so lange geschmort, dass man sie ohne Zähne essen könnte.

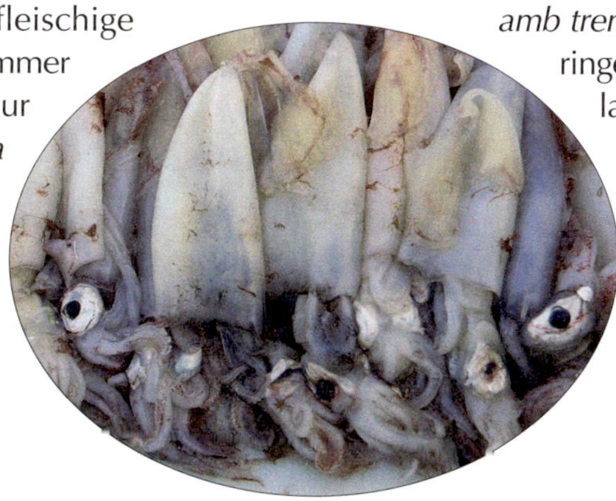

Restaurant

SANTA CATALINA

Marc und Sylva Medina Santa
C./Fabrica, 15°
Palma de Mallorca
Tel.: + 871 94 16 04

Fragen an Marc

Der Traum der vielen Menschen, die mehr Geschmack als Geld besitzen: das Lokal von Sylva und Marc Medina Santa. Die Lage: zentral und doch versteckt, in einer engen Straße, mitten in der Altstadt von Palma. Der Raum: schlicht und licht. Die Küche: transparent und delikat. Die Preise: nostalgisch günstig – ein Mittagsmenü für 15 EUR, inklusive Hauswein (Rioja), Wasser und Kaffee. Wie Marc das schafft? Er beherrscht die ursprüngliche Küche der einfachen Produkte – es muss nicht immer Hummer sein. Und lässt sie, perfekt und leicht zubereitet, ganz für sich sprechen. Eine delikate Sprache, die Einheimischen wie Fremden zu Herzen und zu Magen geht.

1. Wie lange leben Sie auf Mallorca?
– Ich bin hier geboren und aufgewachsen.

2. Warum haben Sie sich für Ihren jetzigen Standort entschieden?
– Ich bin ein Familienmensch, brauche meine Freunde und es gefällt mir, wie Mallorca in einer kulinarischen Aufbruchstimmung ist.

3. Welche Jahreszeit/welche Monate lieben Sie am meisten und welche am wenigsten?
– Ohne Zweifel sind die Sommermonate die lebendigsten aufgrund der großen Gemüse-Vielfalt: Ich liebe reife Tomaten, Auberginen, Zucchini und die herrlich leckeren Sommerfrüchte, die die Märkte mit Farben erfüllen und uns dazu anhalten, gesund zu leben.

4. Welche Aromen und Gerüche verbinden Sie mit der Insel allgemein?
– *Glücklicherweise liegt mein Restaurant ganz in der Nähe eines Marktes, nur 100 Meter davon entfernt. Dort bekomme ich frischen Fisch von den Fischern direkt, Gemüse, frische Früchte, Fleisch, Käse und Wurstwaren. Ich mag den Duft unverarbeiteter Lebensmittel, die gerade erst von den Feldern oder vom Hafen angeliefert worden sind.*

5. …und welche mit der Ecke, in der Sie leben?
– *Der Stadtbezirk, in dem ich arbeite, ist traditionell, gemütlich, mit kleinen Geschäften und Backstuben. Der Markt von Santa Catalina, den ich jeden Tag besuche, bietet saisonale Produkte an, so dass ich die einer jeden Jahreszeit typischen Aromen genießen kann.*

6. Was ist schwierig im Umgang mit den Mallorquinern?
– *Wir sind sehr zurückhaltend, wenn es um die Begrüßung, das Kommunizieren geht. Allgemein ist es für uns schwierig, Gefühle auszudrücken. Ich glaube, dass der Tourist nicht nur als ein Reisender gesehen werden sollte, der sich für Sonne und Strand interessiert. Wir Mallorquiner sollten verschiedene Aspekte unseres Landes fördern und die Gastronomie ist zweifellos ein Teil unserer Kultur. Viele Unternehmer und auch einige Politiker verfügen über wenig Kultursinn. Der Motor der Insel-Wirtschaft ist der Massentourismus gewesen, der den eigentlichen mallorquinischen Werten – nicht*

nur den gastronomischen, sondern auch den historischen und den kunsthandwerklichen – wenig Interesse geschenkt hat. Jahrelang war für sie nur eines wichtig: schnelles Geld zu verdienen. Ein großer Teil der Küste ist bebaut und zerstört worden. Es entstanden charakterlose Hotels, Bars und Restaurants, die Gerichte von schlechter Qualität anbieten und sich irgendwo auf der Welt befinden könnten.

7. Und worin sind die Einheimischen unkompliziert?

– *Wir sind ein friedliches, ruhiges und tolerantes Volk und wesentlich kosmopolitischer als andere Regionen Spaniens.*

8. Was ist an den kulinarischen Traditionen Mallorcas heute unverdaulich?
Was sollte man Ihrer Ansicht nach vergessen oder ändern?

– *Ich denke nicht, dass die heutige mallorquinische Küche schwer verdaulich ist. Viele von uns haben das zum Kochen gebräuchliche Schweineschmalz durch Olivenöl ersetzt. Die traditionellen Gerichte werden wesentlich leichter zubereitet als vor zwanzig Jahren.*

9. Welche Früchte, Gemüse, Fische, Kräuter, Gewürze, Fleischsorten oder Gerichte, die typisch mallorquinisch sind, haben Sie inspiriert?
Was ist Ihr mallorquinisches Lieblingsgericht?

– *Sommerfrüchte sind heute für mich die schönste Quelle der Inspiration. Es gefällt mir, Fleisch, Fisch, eine Suppe oder Mariniertes mit leicht gedünstetem oder rohem Obst zu ergänzen, als süßes oder pikantes Sorbet oder karamellisiert.*
Jeden Tag auf dem Markt lasse ich mich anregen. Dort stelle ich meine Gerichte zusammen.
Ich habe normalerweise keine vorgefassten Ideen, sondern versuche, eine spontane Küche mit frischen Produkten zu kreieren. In jeder Jahreszeit inspirieren mich andere Produkte, da ich Treibhausprodukte so gut es geht vermeide.

10. Wenn Sie auf Mallorca zwei Wochen lang das Gleiche essen und trinken müssten:
Wofür würden Sie sich entscheiden?

– *Jetzt, in der heißen Jahreszeit, könnte ich mich von jeglicher Form kalter Suppen ernähren. Beispielsweise aus Wassermelone mit Tomaten kombiniert, und Honigmelone mit Ingwer und Limetten, Gurken und Olivenöl ergeben delikate Kaltschalen. Besonders fein: ein Gazpacho von Kirschen. Die Liste ist unendlich.*
Im Sommer würde ich wahrscheinlich als zweiten Gang einen unserer ausgezeichneten Fische wählen, wie z.B. Drachenkopf, Seeteufel oder St. Petersfisch. Zweifellos wird mich die »Gamba Roja« (gamba vermella) niemals langweilen können. Ich denke, als Getränk wäre ein Muskat-Wein keine schlechte Wahl.

11. Ein einfaches Liebesmahl à la Mallorca: Was servieren Sie?
Und welchen Wein gibt es dazu?

– *Ich würde ein »Suquet« (gemischtes Fischgericht mit Soße) von der »Gamba Roja« wählen, denn dieses Gericht vermittelt das Aroma des Mittelmeeres. Der Wein: ein Chardonnay del Priorat der neuen Generation.*

Timbal de bacallà amb patates i vinagreta de trempó

(Timbal von Stockfisch und Kartoffeln mit Trempó-Vinaigrette)

Zutaten für 4 Personen

200-250 g bacallà
(getrockneter Kabeljau, wie aus Spanien und Italien vertraut; er ist auch bei uns in Fischläden oder spanischen Feinkostgeschäften erhältlich)
200 g Kartoffeln, geschält und grob gewürfelt
1 Knoblauchzehe, geschält und zerrieben
3 Blätter Minze
1/2 l Mandelmilch
6 Gelatine-Blätter
4 Eiweiß

Zutaten für die Vinaigrette

1/2 weiße Gemüsezwiebel, geschält und fein gehackt
1 kleine grüne Paprika, in kleine Stücke geschnitten
1 Tomate, abgezogen, von den Kernen befreit und gewürfelt
Olivenöl
milder Weinessig
Salz und weißer Pfeffer

Zubereitung

Den getrockneten Kabeljau in kaltes Wasser legen und ca. 6-8 Stunden einweichen; das Wasser immer wieder wechseln, damit er weniger salzig schmeckt. Abgießen, das Fischfleisch, wenn nötig, entgräten, ausdrücken und in große Stücke schneiden. Die Kartoffelwürfel in einen Topf geben, vollständig mit Wasser bedecken und auf kleiner Flamme bei geschlossenem Deckel ca. 10 Minuten kochen, bis sie fast weich sind. Dann die Bacallà-Stücke zugeben, einige Minuten mitkochen, alles vom Feuer nehmen und 6 Minuten zugedeckt stehen lassen.
Die Gelatine-Blätter nach Packungsangabe einweichen und dann ausdrücken. Die Mandelmilch vorsichtig erwärmen, die Gelatine darin auflösen, Minze und Knoblauch darin pürieren. Mit der

Kabeljau-Kartoffelmasse vermischen; abkühlen lassen. Das Eiweiß sehr steif schlagen, unter die Masse ziehen und in kleine mit kaltem Wasser ausgespülte Timbalformen (oder kleine Puddingformen) füllen. Im Kühlschrank fest werden lassen. Die Trempó-Vinaigrette auf vier Teller verteilen, die Timbals daneben stürzen, sofort servieren.

Zubereitung der Vinaigrette

Die gehackte Zwiebel und die Gemüsestückchen mit wenig mildem Weinessig und reichlich feinstem Olivenöl übergießen, salzen und pfeffern.

Der Granatapfel: Evas wahre Waffe

Dieser mit Granatapfel-, Zitronen- und Orangenbäumen bestandene Vorplatz war umrandet von einem Weg auf etwas erhabenen Ziegeln, der ebenso wie der Wassertrog von Bogenlauben aus würzigen Kletterpflanzen beschattet war. Es war wie ein Salon aus Blumen und Grün, wo ein Mönch an feuchten Tagen trockenen Fußes wandeln und bei sengender Hitze seinen Rasen mit fließendem Wasser erfrischen konnte, wo er am Rand einer schönen Terrasse den Duft der Orangenbäume einatmen durfte, deren buschige Kronen zu seinen Füßen von Blüten und Früchten strotzende Kuppeln bildeten, und wo er in völliger Ruhe die herbe wie liebliche, melancholische wie großartige Landschaft zu betrachten vermochte. Hier war es ihm vergönnt, zu seiner Augenweide seltene und kostbare Blumen zu züchten, zur Stillung seines Durstes die köstlichsten Früchte zu pflücken, auf das erhabene Rauschen des Meeres zu horchen, in die herrliche Sommernacht unter einem makellosen Himmel zu starren und den Ewigen Gott in dem schönsten Tempel anzubeten, den er dem Menschen je im Schoße der Natur erschlossen hat.« (WaM, S. 193)

Angeblich war es ein Granatapfel, mit dem Eva Adam sündenfällig werden ließ, was durchaus für die feine Zunge dieses Herrn gesprochen hätte. Die an Kernen – *granae* – reiche Frucht gedeiht auf der Baleareninsel wie bei uns ein Boskop. Allerdings schmeckt sie hier etwas säuerlicher als üblich. Gerade deswegen eignen sich mallorquinische Granatäpfel ausgezeichnet für Saucen zu kräftigen Gerichten. In der hiesigen Küche lebt der Granatapfel, der vielen Samen wegen Sinnbild der Fruchtbarkeit, also auch der Erotik, seine verführerischen Qualitäten besonders gerne am Schwein aus: Spanferkel in Granatapfelsauce oder Schweinszunge mit Granatapfel gehören zu den vielen Gaumenglückserfahrungen, die George Sand wohl entgangen sind.

Der Wein: beliebtestes Relikt der Mauren

»Wie in Venedig sind auch in Mallorca die Likörweine reichlich vertreten und hervorragend im Geschmack. Der Muskateller, den wir gewöhnlich tranken, war so gut und billig wie der Zyperwein, den wir von der Adria kannten.

Aber die Rotweine, deren Bereitung eine wirkliche, den Mallorquinern unbekannte Kunst ist, sind herb und dunkelfarbig, brennen auf der Zunge und haben einen hohen Alkoholgehalt; dabei sind die teurer als unser einfachster französischer Landwein.«
(WaM, S. 204)

Die maurischen Besatzer haben trotz vieler unerfreulicher Aktionen immerhin Mallorca in einen Nutzgarten verwandelt: Sie führten die Windmühlen ein, die heute fast alle zu Domizilen von fraglicher Idylle für Künstler und romantikhungrige Wahlmallorquiner verkommen sind. Ihnen sind auch die ersten Bewässerungssysteme auf der Insel zu verdanken – und die ersten Terrassen für den Weinbau: Der Ort Banyalbufar hat seinen Namen vom arabischen *›buniola al bahar‹*, zu deutsch kleiner Weingarten am Meer. Die Mauren bauten vor allem Malvasia an, der lange eine der beliebtesten und meistens süß getrunkenen Sorten blieb. Auch aus der Muskattraube wird heute noch (oder wieder) von ambitionierten Winzern ein ausgezeichneter Dessertwein gewonnen.

Tradition hatte der mallorquinische Weinbau durchaus zu George Sands Zeiten – die Römer hatten schon damit begonnen. 1863 wurde das Schreckensjahr der französischen Winzer und auch aller Weintrinker, denn ein Tier, das leider nicht auf seinen offiziellen Namen *filoxera* hörte und besser bekannt ist als Reblaus, vernichtete alles, was auch George Sand, erst resche 59, und ihre zahllosen Gäste erfreute. 1863 wurde zum Lottogewinn für Mallorca: 75 Millionen Liter Wein produzierten die Mallorquiner, die emsig auf jedem Acker Rebstöcke anpflanzten und den derben Wein mit dem Dampfer ›Santueri‹ nach Südfrankreich verschickten. Ein paar Jahre später hatte es, vielleicht über rückkehrende Dampfer, das fleißige und expansionsfreudige Wesen *filoxera* auch bis Mallorca geschafft. 1889 fraß es sich an mehr als 30.000 Hektar Weinstöcken satt. Krisen bescheren oft Einsichten und infolgedessen Besserungen. Nicht so auf Mallorca: Die Reduktion an Fläche brachte leider keinen Zuwachs an Gewinn, der Ruf der mallorquinischen Weine blieb schlecht bis sehr schlecht. Erst mehr als 150 Jahre nach dem Besuch von George Sand haben die mallorquinischen Weinbauern mit önologischem Wissen gute bis ausgezeichnete Weine herzustellen gelernt. Die größte Weinbauregion Mallorcas liegt bei Felanitx, manche Weingärten, sogar sehr hoch (um die 1000 Meter), wo der salzige Wind vom Meer den Trauben eine besondere Würze gibt. Erst 1991 hat die Region um Binissalem an der Straße, die von Palma ins Landesinnere nach Inca führt, das spanische Qualitätssiegel *Denominación origen* also DO erhalten. Erzeugt werden ein Blanc de Blanc, Rot- und Roséweine *auténtico* (jung) oder *reserva* (drei Jahre gereift); Merlot und Cabernet Sauvignon sind die am besten geeigneten Rotweintrauben, die gerne als Cuvée verarbeitet werden. Gefragt aber sind auf ganz Mallorca zunehmend die authentischen Trauben wie *Callet, Guefarró* und *Manto Negro. Manto Negro* darf zwar bis zu 30 % mit Cabernet-Sauvignon aufgefrischt werden, wird von Kennern aber in Reinpressung bevorzugt.

Nicht der größte Produzent in Binissalem ist derzeit der Größte unter den Weinkennern, sondern Winzer, die ihre Weingärten im Südosten der Insel haben und ihr Gebiet ebenfalls auf DO-Rang erheben konnten (DO *Pla i Llevant*) Sicher ist: Mallorca gehört zu den Überraschungssiegern im spanischen Weinbau. Und selbst George Sands skeptische Landsleute müssen eingestehen, dass »die Bereitung des Rotweins« den mallorquinischen Winzern keinerlei Probleme mehr macht. Und auch wenn Spitzenqualitäten ihren Preis haben, so teuer wie vergleichbare Bordeauxweine sind sie nie.

Das Schmalz: Butter vom Schwein

»Da wir keine Butter hatten und das Schweinefett, das eklige Öl und die empörenden Kochverfahren der Einheimischen nicht vertragen konnten, lebten wir von magerem Fleisch, Fisch und Gemüse, alles schmackhaft gemacht mit, als Soßenersatz, Quellwasser, dem wir manchmal bei schlemmerischen Anwandlungen den Saft einer grünen Orange beimischten, die wir auf unserem Gartenvorplatz frisch gepflückt hatten.«
(WaM, S. 204/205)

Die Qualität des Schweinefetts ist logischerweise von der des Schweins abhängig, also von dessen Ernährung. Köche, die Mallorcas Liebe zum *saïm* nicht unterwandern wollen, aber unangenehme Nebengeschmäcker vermeiden, kaufen Schweineschmalz von Biobauern, die ihre Tiere so füttern, wie es schon zu George Sands Zeiten üblich war. Nur eben mit Bio-Garantie.

Die Früchte: Kanaans würdig

Zum Ausgleich hatten wir herrliche Sachen als Nachtisch: süße Kartoffeln aus Malaga, kandierte Kürbisse aus Valencia und Weintrauben, des Landes Kanaan würdig. Die weißen oder hellroten Weinbeeren sind länglich und haben eine ziemlich dicke Schale, die jedoch dazu verhilft, daß sie sich monatelang halten. Sie sind köstlich, und man kann davon essen, soviel man will, ohne daß man sich aufgebläht fühlt. Unsere Sorte aus Fontainebleau ist saftig und erfrischend, die von Mallorca fleischig und süß; die eine ist zum Trinken, die andere zum Essen.« (WaM, S. 205)

Aus den hellen Trauben wird in Mallorca auch *ratafia de raïm blanc* bereitet. Dazu werden die gewaschenen Trauben mit Branntwein bedeckt, an kühlem Ort einen Monat stehen gelassen, dann zerdrückt oder entsaftet und gefiltert. Das Innere von Pfirsichkernen wird im Mörser zerstoßen, mit dem Mark von Vanilleschoten und Zimt zu dem Traubensaft-Branntwein-Gemisch gegeben, in Flaschen gefüllt und noch ein paar Monate kühl gelagert, bis die *ratafia* genossen wird – nicht nur, was der Name behauptet, zu Vertragsunterzeichnungen – es genügt die Ratifikation eines glücklichen Augenblicks.

Restaurant

ES MOLÍ DE'N BOU

Bartomeu »Tomeu« Caldentey und Marga Riera
C./Sol, 13
Sant Llorenç
Tel.: + 971 56 96 63

Fragen an Tomeu

Tomeu sieht nicht aus wie ein Missionar, aber er ist einer: Mit Kennerschaft und Leidenschaft bringt der Mallorquiner den Fremden die echte mallorquinische Küche nahe und deren Grundlagen und Finessen den Teilnehmern seiner Kochkurse bei. Seine Küche entspricht ganz und gar dem Haus, in dem sich das Restaurant befindet – eine ehemalige Mühle *(molí);* Küche wie Haus sind authentisch und charakteristisch, aber mit großem Feingefühl modernisiert und reduziert.

1. Wie lange leben Sie auf Mallorca?
– Mein ganzes Leben. Ich bin hier geboren.

2. Warum haben Sie sich für Ihren jetzigen Standort entschieden?
– Weil es meine Heimat ist, die ich liebe.

3. Welche Jahreszeit/welche Monate lieben Sie am meisten und welche am wenigsten?
– Alle Jahreszeiten haben ihr gewisses Etwas.

4. Welche Aromen und Gerüche verbinden Sie mit der Insel allgemein?
– Den Geruch der Felder und des Meeres.

5. …und welche mit der Ecke, in der Sie leben?
– Den Geruch feuchter Erde nach einem Regenfall.

6. Was ist schwierig im Umgang mit den Mallorquinern?
– In manchen Fällen vermisse ich einen weiter gefassten Blickwinkel für die Dinge und die Welt, die uns umgibt.

7. Und worin sind die Einheimischen unkompliziert?
– In ihrer Gastfreundschaft.

8. Was ist an den kulinarischen Traditionen Mallorcas heute unverdaulich?
Was sollte man Ihrer Ansicht nach vergessen oder ändern?
– Jedes Gericht mit einem zu hohen Fettanteil ist schwer verdaulich. Egal, woher das Gericht kommt.

9. Welche Früchte, Gemüse, Fische, Kräuter, Gewürze, Fleischsorten oder Gerichte, die typisch mallorquinisch sind, haben Sie inspiriert?
Was ist Ihr mallorquinisches Lieblingsgericht?
– Alle frischen Qualitäts-Produkte sind wundervoll. Man muss jedem Produkt weitere hinzufügen, die sich den jeweiligen Eigenschaften anpassen.

10. Wenn Sie auf Mallorca zwei Wochen lang das Gleiche essen und trinken müssten: Wofür würden Sie sich entscheiden?
– »Pa amb oli« mit einem guten Käse, gutem Aufschnitt und Rotwein.

11. Ein einfaches Liebesmahl à la Mallorca: Was servieren Sie?
Und welchen Wein gibt es dazu?
– Jedes gut zubereitete mallorquinische Gericht wäre für ein wichtiges Essen geeignet.
Alle Gerichte können passen, solange sie mit guten Produkten, kulinarischem Sachverständnis und vor allem mit Liebe zubereitet sind.
Auf jeden Fall gehört ein mallorquinischer Wein dazu.

Escabetx de tonyina

(Marinierter Thunfisch mit Früchten und Gemüse)

Zutaten für 4 Personen

600 g Blaufisch (Thunfisch, Bonito, Makrele etc.), filiert und grob gewürfelt
200 ml kaltgepresstes Olivenöl
150 ml Weinessig
50 ml Orangensaft, frisch gepresst
25 ml Zitronensaft, frisch gepresst
20 g Zucker
2 Knoblauchzehen
3 Lorbeerblätter
abgerebelte Blätter vom Thymianzweig
abgerebelte Blätter vom Majoranzweig
8 Stangen grüner Spargel in kleinen Stücken
1 Zucchini in sehr kleinen Stücken
1 Apfel, geschält und fein gewürfelt
1 Pfirsich, geschält und fein gewürfelt
etwas Butter
etwas Zucker

Zubereitung

Das Olivenöl mit den geschälten Knoblauchzehen und den Kräutern auf kleiner Flamme erhitzen.

Essig, Orangen- und Zitronensaft hinzugeben.

Einige Minuten lang reduzieren.

Vom Feuer nehmen und den in Stücke geschnittenen Fisch ohne Gräten hinzugeben.

Spargelstückchen und Zucchinistückchen blanchieren, anschließend mit Eiswasser abschrecken.

Das Gemüse zu dem Fisch hinzugeben und 48 Stunden lang ziehen lassen; hierbei darauf achten, dass das Gemüse komplett von der Marinade bedeckt wird.

Kurz vor dem Servieren die Apfel- und Pfirsichwürfel mit Butter und Zucker leicht anbraten.

Fisch und Gemüse kalt mit den warmen Früchten servieren.

Ideal für frisches Wasser: Tonkrüge aus Felanitx

Wir besaßen ein paar Tische und mehrere Stühle mit strohgeflochtenem Sitz, wie man sie in unseren Bauernhäusern sieht, sowie ein sinnbetörendes Sofa aus Weißholz mit Leinenkissen, die mit Schafwolle gefüllt waren.«

»Aus einer großen, buntkarierten Wolldecke, die uns auf der Reise die Beine warmgehalten hatte, wurde eine Portiere vor der Bettnische, und mein Sohn schmückte den Ofen mit einem dieser hübschen Tonkrüge aus Felanitx, deren Form und Ornamentik von reinstem arabischen Stil sind.

In Felanitx blüht die Töpferei, deren Erzeugnisse weite Verbreitung in Europa verdienten. Sie sind so leicht, daß man meinen möchte, sie seien aus Kork, und so feinkörnig, daß man den Ton für ein kostbares Material halten könnte. Man macht dort kleine, wohlgeformte Krüge, die man als Karaffen benutzt, und die das Wasser wunderbar frisch halten.« (WaM, S. 207/209)

Noch immer ist Felanitx, die frühere Hauptstadt des Südostens, auf Keramik spezialisiert. Auch wenn ein Großteil aus der dortigen Keramik-Industrie kommt und vieles die Grenzen des guten Geschmacks weit hinter sich lässt, finden Kundige in den *cerámicas* immer wieder überzeugend einfache Stücke in alten Formen. Einige Töpfer setzen hier mit Geduld und Könnertum eine Tradition aus dem 17. Jahrhundert fort: die der weißglasierten, handbemalten Keramikwaren, die nach ihrer eigentlichen Heimat Majolika genannt werden. Nachdem Felanitx, Geburtsort des berühmten Künstlers Miquel Barcelo, das heimliche Zentrum seiner zeitgenössischen jungen Kollegen geworden ist, sind dort auch Künstlerkeramiken zu haben. Was Skeptiker zum Kauf ermuntern könnte: Auch Picasso hatte sich ja als Keramiker versucht.

Hilfreich für Chopin: Kur mit Ziegenmilch

Mit fortschreitendem Winter trübten sich jedoch alle Bemühungen um Frohsinn und Unbeschwertheit. Der Zustand unseres Kranken verschlechterte sich zusehends... Auf die Bronchitis war jetzt eine Nervenentzündung gefolgt ... Der Arzt verordnete eine Behandlung, wie sie für Schwindsuchtsfälle indiziert ist: Aderlaß, Diät und Milchkur.

Die Diät bekam ihm überhaupt nicht. Sobald wir deren schlechte Auswirkungen bemerkten, hielten wir uns so wenig wie möglich an die Verordnung. Doch es gab leider kein Mittelding zwischen der einheimischen gepfefferten Küche und den frugalsten Gerichten.

Milch, deren verheerenden Effekt wir später feststellten, war glücklicherweise so spärlich in Mallorca, daß sie keinen Schaden anrichten konnte. Zu der Zeit meinten wir noch, Milch würde Wunder wirken, und taten alles nur erdenkliche, um uns welche zu beschaffen. Es gibt keine Kühe in diesen Bergen, und die Ziegenmilch, die man uns verkaufte, wurde unterwegs immer von den Buben getrunken, die uns den Krug brachten, der seltsamerweise bei uns voller ankam, als er ursprünglich gewesen war. Es war ein Wunder, das dem frommen Überbringer jeden Morgen geschah, vorausgesetzt, er verrichtete sein Gebet in der Kartause, d.h. neben dem Brunnen. Um mit diesen Wundern Schluß zu machen, besorgten wir uns eine Ziege. Es war das netteste und liebenswerteste Geschöpf von der Welt, eine hübsche, kleine, ungehörnte afrikanische Ziege mit kurzem, gelbbräunlichem Haar, mit einer Hakennase und hängenden Ohren. Diese Ziegen sind sehr verschieden von den unseren. Sie haben das Fell eines Rehs und das Profil eines Schafs, nicht jedoch den schelmischen und eigensinnigen Gesichtsausdruck unserer verspielten Zicklein. Sie scheinen im Gegenteil recht melancholisch zu sein. Von unseren unterscheiden sie sich auch dadurch, daß sie sehr kleine Euter haben und sehr wenig Milch geben. Wenn sie voll ausgewachsen sind, hat diese Milch einen strengen und wilden Geschmack, den die Mallorquiner sehr schätzen, der uns jedoch widerwärtig war.

Unser liebes Tierchen hatte seine erste Mutterschaft vollbracht; es war noch keine zwei Jahre alt, und seine Milch schmeckte recht gut. Aber es war eine geizige Ziege ...«
(WaM, S. 217-221)

Aus Ziegenmilch werden in Mallorcas kleinen Käsereien extrem verschiedene Käsesorten hergestellt – intensiv ziegige, aber auch milde und salzlose, die eher an Mozzarella erinnern, wie der salzlose *formatge tendre.*

Die beste Diät für Chopin wären wahrscheinlich Gerichte aus einheimischem Reis gewesen – der *arròs* wird allerdings in der einheimischen Küche auch zu Gerichten verwendet, die einen Härtetest für den Magen bedeuten. Zum Beispiel für den *arròs negre amb allioli,* den sepiatintenschwarzen Reis mit Knoblauchsauce. Oder *arròs brut,* dessen Name bereits den sensiblen Kranken verschreckt hätte – ›schmutziger Reis‹ heißt er. Und erst recht das Rezept: Er wird mit Blut gekocht und wie eine dicke Suppe mit Teilen von Schwein, Huhn und Kaninchen serviert. Als George Sand auf Mallorca war, gab es im Feuchtgebiet von Albufera noch Hunderte von Reisbauern, heute sind es nur noch vier: Die Arbeit im schlammigen Wasser ist den jungen Leuten zu mühsam und der übliche Preis von zwei Euro für den ungeschälten und drei für den geschälten Reis zu wenig verlockend.

Gut im Land der Schweine:

Zur Gesellschaft gaben wir ihr (der Ziege) ein dickes Schaf mit einem spannenlangen, dichten, weißen Fell, eines von der Art, die man bei uns nur noch in Spielwarenläden oder auf den Fächern unserer Großmütter sieht. Durch diese nette Gefährtin wurde sie etwas ruhiger, und wir erhielten etwas mehr ziemlich fette Milch. Aber trotz guter Ernährung lieferten die beiden eine so geringe Menge, daß die häufigen Besuche, die Maria Antonia, die *niña* und Catalina unseren Haustieren abstatteten, uns verdächtig zu werden begannen. Wir brachten die Tiere daher hinter Schloß und Riegel auf einen kleinen Hof am Fuße des Kirchturms und übernahmen das Melken selbst. Diese leichte Milch versetzt mit Mandelmilch, die meine Kinder und ich abwechselnd auspreßten, ergab ein gesundes und ganz angenehmes Getränk. Nichts anderes war verfügbar."
(WaM, S. 221/222)

Milch von den Mandeln

Dass Schweine keine trinkbare Milch geben, schmerzt die Mallorquiner wenig, denn sie haben dafür ihre Mandeln. Doch mit dem reinen Auspressen der Mandeln ist der Durst der Mallorquiner nicht zu löschen. Und für *llet d'ametlla* – Mandelmilch – gibt es in jeder mallorquinischen Familie eine spezielle Zubereitungsart. Gemeinsam ist den Rezepturen, dass auf 500 Gramm geschälter Mandeln 2,5 Liter Wasser, 50 bis 75 Gramm Zucker, 1-2 Stangen Zimt und 1-2 unbehandelte Zitronen kommen. Die geschälten Mandeln werden gemahlen, wobei ständig Wasser zugegeben wird, dann wird der Brei mit dem restlichen Wasser langsam und unter ständigem Rühren zum Kochen gebracht; Zucker, Zimtstangen und die abgeriebene Zitronenschale kommen dazu, oft wird auch echte Vanille zugegeben. Dann wird das Ganze, wobei wieder emsig gerührt werden muss, auf kleiner Flamme 10 Minuten gekocht. Die Mandelmilch soll etwas abkühlen, aber warm getrunken werden.

George Sand hatte sich als Gefährtin für ihre Ziege ein besonderes Schaf ausgesucht. An anderer Stelle urteilt sie so: »Die Schafe sind zwar von guter Rasse, aber schlecht genährt und vernachlässigt.« (WaM, S.48). Heute sind die Schafe unübersehbar gut genährt und bedanken sich dafür mit einer Zartheit, die sich als lebensverlägernde Maßnahme erweist: Es muß nicht das Lamm sein, das hier in den Topf kommt, es darf ruhig ein erwachsenes Tier sein. Und dankbar verwenden die Mallorquiner alles, was es zu bieten hat: *frit mallorquí,* die klassische Pfanne mit Schafinnereien, gehört freilich zu den Gerichten, die von den meisten Fremden für das international bewährte Lammkotelett vom Grill stehen gelassen werden.

Inspirierend für Genies: Regengüsse im Winter

Maurice und ich hatten ihn am Morgen in recht gutem Zustand verlassen, um in Palma einige Besorgungen zu machen. Währenddessen setzte strömender Regen alles unter Wasser. Wir brauchten sechs Stunden für die drei Meilen unseres Rückweges durch den Morast und erreichten unser Ziel nach unsäglichen Gefahren mitten in der Nacht, ohne Schuhe, von unserem Kutscher im Stich gelassen. Weil wir wussten, dass unser Kranker sich um uns sorgen würde, beeilten wir uns. Er war tatsächlich in großer Sorge, aber seine Unruhe war zu stiller Verzweiflung erstarrt und schluchzend spielte er sein wundervolles Präludium. Als er uns in den Raum treten sah, fuhr er auf und stieß einen lauten Schrei aus. Mit irrem Blick und in seltsamem Tonfall sagte er: ›Ach! Ich wusste ja, dass ihr tot seid!‹« (WaM, S. 258/59)

Sein Genius war erfüllt von geheimnisvollen Harmonien der Natur, die er durch verfeinerte Äquivalente in seine musikalische Sprache übertrug und nicht etwa durch sklavische Wiedergabe wahrgenommener Töne. Im Präludium, das er an jenem Abend komponierte, sind die Regentropfen zwar vorhanden, die auf das Dach der Kartause schlugen, aber sie hatten sich durch seinen tonschöpferischen Geist zu Tränen gewandelt, die vom Himmel auf sein Herz tropften.« (WaM, S. 259/60)

Berauschend für jeden: Blütenorgie im Februar

Der Regen hatte endlich aufgehört, und der Frühling war plötzlich gekommen. Es war Februar; die Mandelbäume standen in voller Blüte, und die Wiesen waren mit duftenden Narzissen übersät. Abgesehen vom Farbton des Himmels und dem frischen, jungen Grün der Landschaft führten die Blumen den einzigen Unterschied zwischen den beiden Jahreszeiten vor Augen, denn die Bäume dieser Gegend sind zumeist immergrün. Was früh ausschlägt, braucht keine Frostschäden zu befürchten, das Gras bleibt saftig, und die Blumen brauchen nur einen sonnigen Morgen, um ihre Nase in den Wind zu heben. Als unser Garten unter spannendickem Schnee lag, wiegte der Wind an unseren Bogenlauben niedliche, kleine Kletterrosen, die zwar etwas blaß waren, aber dennoch guter Dinge zu sein schienen.«
(WaM, S. 227)

Der Mandelbaum verwandelt Mallorca Ende Januar bereits in eine blühende Schönheit. Dass sie den maurischen Besatzern zu verdanken sind, die hier vor 1100 Jahren die ersten Exemplare des *prunus dulcis* pflanzten, daran werden die Mallorquiner nicht so gerne erinnert. Umso lieber nutzen sie alle Anwendungsmöglichkeiten der Mandeln. Mit dem Öl der Bittermandel werden Liköre aromatisiert und Parfums veredelt. Aus den Blüten der Süßmandel wird ein leichtes Duftwasser destilliert, aus den Rückständen nach dem Pressen wird Mandelkleie, das bewährte Naturpeeling, hergestellt. Im Spätsommer, wenn die Mandeln geerntet werden, legen die Bauern grüne Netze über die Bäume, schlagen die Früchte mit Stöcken herunter und lassen von einer Mandelknackermaschine Schalen und Kerne trennen. Die Kerne werden in den Marzipan- und Krokantfabriken auf Mallorca verwendet, aber auch in jeder Konditorei und jeder Küche, denn die Mandel ist unverzichtbar – nicht nur für verschiedene Plätzchen und den klassischen Mandelkuchen, den *gató,* der gerne mit Mandeleis – *gelat d'ametlles* – kombiniert wird. Sogar der Weihnachtstruthahn wird, wenn schon nicht mit der unausweichlichen *sobrassada,* mit Marzipan gefüllt, und das klassische Gericht an Sylvester oder Neujahr, *escaldums,* ist ein Hühnereintopf mit zerstoßenen Mandeln.
Mandelsauce harmoniert nach dem Geschmack der Mallorquiner mit nahezu allem, mit Fischgerichten, zum Beispiel. Und Mandelsorbets und Mandeleis.

Versöhnlich für George Sand: die Erinnerung

»Die Kartause war so schön unter ihren Efeuranken, das Tal so wundervoll in seiner Blütenpracht, die Luft so rein in unseren Bergen, das Meer so blau am Horizont! Es ist der schönste Ort, an dem ich je gewohnt habe, und einer der schönsten, die ich je sah. Und ich hatte kaum etwas davon gehabt! Da ich nicht wagte, den Kranken allein zu lassen, konnte ich mich mit meinen Kindern nur für eine kurze Weile am Tage entfernen, und oft überhaupt nicht.« (WaM, S. 265)

Hoffnung für Ästheten: die Rückkehr der Eleganz

Unter den heutigen Umständen kann ich diese Reise guten Gewissens nur körperlich robusten und geistig beschwingten Künstlern empfehlen. Aber die Zeit wird bestimmt kommen, wo ein zarter Schöngeist und sogar elegante Damen ebenso mühelos und bequem nach Palma fahren können wie nach Genf.«
(WaM, S. 38)

Die Belastbarkeit wurde vor allem im gastrointestinalen Bereich auf harte Proben gestellt, denn noch kannten die Mallorquiner das Wort »Besucher« so gut wie gar nicht und sahen daher auch keinerlei Grund, sich fremden Bedürfnissen anzupassen: Die Insel war autark – und fast autistisch. Doch schon 1874 wurde das erste Ferienhaus hingesetzt und um 1900 entdecken englische Pensionäre, dass ihren rheumageplagten Gliedmaßen ein Frühling auf Mallorca wohl tat und ein Sommer ihnen jene Bräune verlieh, die sie für jugendlich hielten.

Elegante Damen reisen leider nach wie vor zu wenig nach Mallorca. Dass Audrey Hepburn immerhin einmal unter den Damenbesuchen gewesen war, ändert wenig daran, dass die meisten von ihnen die Eleganz zu Hause lassen.

Restaurant

CA'S PUERS

Björn Weissgerber, Küchenchef
C/. Isabell II, 39
Sóller/Mallorca
Tel.: + 971 63 80 04   Fax: 971 63 04 29
e-mail: stay@caspuers.com

Fragen an Björn

Meisterschüler von Eckart Witzigmann zu sein, ist eine Verpflichtung. Ein Restaurant zu führen, das durch Witzigmanns Schirmherrschaft berühmt wurde, ist eine Herausforderung. Und sich selbst im Landesinneren der Insel einen Michelinstern zu erkochen, ist harte Arbeit. Aber für Björn Weissgerber ist alles ganz einfach, denn er ist verliebt: in Sóller, die Orangen von dort, die Lämmer der Tramuntana, die rings um Sóller unter den Orangenbäumen grasen, in den Fisch aus dem Hafen von Sóller, in den Kräutergarten neben dem Haus, in alle Düfte, Aromen und Gerüche seiner engeren Wahlheimat. Dass er immer entspannt wirkt, ist nur für den jungendlichen Liebhaber selbst kein Wunder: »Ich mache doch nur das, was mich freut.«

1. Wie lange leben Sie auf Mallorca?
– Seit nun mehr als 5 Jahren.

2. Warum haben Sie sich für Ihren jetzigen Standort entschieden?
– Das Restaurant war Ausschlag gebend.

3. Welche Jahreszeit/welche Monate lieben Sie am meisten und welche am wenigsten?
– Die schönsten Monate sind April und Mai – der unliebste ist mir der November.

4. Welche Aromen und Gerüche verbinden Sie mit der Insel allgemein?
– Den Duft von Pinien, von Thymian, Oliven und Rotbarben, den Geruch von Meer und von trockener Erde.

5. ...und welche mit der Ecke, in der Sie leben?

– *Sóller ist für mich mit eine der schönsten Gegenden von Mallorca! Gebirge, Sandstrände, raue Natur, feuchtes Klima und die herrliche Bucht von Port de Sóller. Ich finde hier Abwechslung in jeder Hinsicht: kulinarisch sowie auch landschaftlich »mar y montania«.*

6. Was ist schwierig im Umgang mit den Mallorquinern?

– *Ich frage mich mittlerweile lieber, was ich selber am Umgang mit den Mallorquinern ändern kann, um mit ihnen gut auszukommen. Ich bin nun seit 5 Jahren hier auf Mallorca und muss sagen, dass ich so gut wie nie von Schwierigkeiten mit den Mallorquinern reden konnte; ich maße mir auch nicht an, sie zu rügen. Vielmehr kann man von ihnen lernen, sein Leben zu genießen – allein so etwas Kluges wie die Siesta. Die Mallorquiner sind Meister darin, Hitze und Entspannung, Arbeit, Familie und Genuss unter einen Hut zu bringen.*

7. Und worin sind die Einheimischen unkompliziert?
– *Darin, wie sie Probleme angehen.*

8. Was ist an den kulinarischen Traditionen Mallorcas heute unverdaulich?
Was sollte man Ihrer Ansicht nach vergessen oder ändern?
– *Meiner Ansicht nach soll alles so bleiben wie gehabt, denn auch die schwere altmodische Küche gehört zu Mallorcas kulinarischem Charakter. Obwohl ich anders koche, würde ich es als Verlust sehen, auf solche Leckerbissen verzichten zu müssen. So hat doch der Gast die Möglichkeit, das Land in allen Spielarten kennen zu lernen: üppig und rustikal oder doch fein und filigran.*

9. Welche Früchte, Gemüse, Fische, Kräuter, Gewürze, Fleischsorten oder Gerichte, die typisch mallorquinisch sind, haben Sie inspiriert?
Was ist Ihr mallorquinisches Lieblingsgericht?
– *Typisch für Mallorca: Lamm aus dem Tramutana-Gebirge, Orangen aus Sóller, Gambas, Langusten und Rotbarben direkt aus der Loncha von Port de Sóller, Orangenblüten im April/Mai, grüne Mandeln, Rosmarin und Lavendel, Thymian und Aprikosen – im Frühjahr/Sommer ist Mallorca für mich ein mediterraner Garten Eden.*

10. Wenn Sie auf Mallorca zwei Wochen lang das Gleiche essen und trinken müssten:
Wofür würden Sie sich entscheiden?
– *Für trempó, einen erfrischenden Salat aus Zwiebeln, Tomaten, Gurken, Paprika, Thunfisch, Apfel, Olivenöl und Essig. Oder für einfache Sardinen á la plancha mit Baguette und allioli; dazu noch einen schönen Wein oder Sangria.*

11. Ein einfaches Liebesmahl à la Mallorca: Was servieren Sie?
Und welchen Wein gibt es dazu?
– *Siehe Antwort 10; und ich würde mir noch ein paar Scheiben Jamon Serrano (Serrano-Schinken) einpacken.*
Eine Languste, zubereitet wie im Rezept, entspricht doch schon sehr einem romantischen Dinner hier auf Mallorca. Zum einen, da sich das Gericht gut vorbereiten lässt, sich nach Gusto mit unterschiedlichstem Gemüse verbinden lässt (Spargel, Artischocken…), vor allem aber, weil die Languste auf dem Holzkohlegrill mit ihrem Duft, ihrem Anblick wirklich alle Sinne anspricht.

Llagosta a la brasa

(Languste vom Holzkohlengrill)

Zutaten für 4 Personen

Zutaten für Languste

ca. 1 kg Languste
2 Zweige Estragon
2 Zweige Thymian
2 Zehen Knoblauch
Meersalz
Olivenöl

Artischocken

Artischocken putzen und mit Olivenöl, Knoblauch, Lorbeer, Salz, einem Schuss Weisswein und Thymian leicht mit Farbe schmoren.

Kartoffeln

Kleine Kartoffeln in der Schale in Salzwasser kochen.

Zutaten für das Olivenpüree

70 g Knoblauchzehen, geschält
100 g Schalotten
100 g Kartoffeln, geschnitten
60 g Sellerie
350 g Oliven, schwarz und entsteint
In ca. 50 g Olivenöl angehen lassen.

2 St. Rosmarinstiele
5 St. Lorbeerblätter
20 St. Safranfäden zugeben
3 g Meersalz
60 g Tomaten
Zugeben und leicht schmoren.

150 ml Tomatenwasser
150 ml Einlegefond von den schwarzen Oliven
4 St. Anchovis
250 g schwarze entsteinte Oliven
3 St. Salbeiblätter
ein bisschen Orangenabrieb

Alles zusammen aufmixen und passieren; mit altem und jungem Balsamico abschmecken.

Orangendressing

300 ml Orangensaft
8 St. Safranfäden
Abrieb von 1/2 Orange
25 ml Sonnenblumenöl
10 ml Olivenöl
250 ml Orangensaft mit
dem Safran und dem Orangenabrieb einkochen bis zu einer sirupähnlichen Konsistenz; den restlichen Orangensaft mit zugeben und nun, ähnlich wie bei einer Mayonnaise, unter ständigem Rühren die Öle vorsichtig einlaufen lassen.

Sollte sie zu fest werden, einfach noch ein Bisschen frischen Orangensaft zugeben. Abschmecken mit Salz, Cayenne und weißem Balsamico.

Olivenpesto

15 g Petersilie
35 g Basilikum
1 g Salbei
1/2 Zehe Knoblauch
125 g Olivenöl
1 g Rosmarin
Orangenzeste
75 g Grüne Oliven
Salz
Pfeffer

Alle Zutaten miteinander fein mixen und rasch kalt stellen, um die grüne Farbe zu bewahren.

Zubereitung

Die Languste halbieren, vom Darm und den Innereien befreien. Die Fleischseite mit Olivenöl einpinseln und mit dieser Seite nach unten auf den sehr heißen Grill legen.

Ca. 3 Minuten grillen, wenden und mit Kräutern, Knoblauch, Meersalz und Olivenöl bestreuen und nochmal ca. 6-8 Minuten lang grillen.

Vom Grill nehmen, erneut mit Olivenöl einpinseln, für ca. eine halbe Minute ruhen lassen.

Die Kartoffeln mit der Schale halbieren, in einer Pfanne anbraten, bis sie Farbe bekommen, dann die Artischocken zugeben.

Das heiße Olivenpüree auf den Teller setzen, das Artischocken-Kartoffelragout verteilen und die ausgelöste Languste darauf anrichten.

Nun Olivenpesto und Orangenvinaigrette über dem Gericht verteilen.

Anmerkung: Auch fein frittierte Artischockenchips passen hervorragend dazu.

Winter auf Mallorca: ein

Den sonnenhungrigen Deutschen Lust zu machen, einmal den Winter auf Mallorca zu verbringen, klingt vermessen. Selbst einem gewieften Reiseveranstalter erschiene das so aussichtslos, wie begeisterte Surfer für einen Sahara-Urlaub zu erwärmen. Doch bei kritischer Beobachtung der eigenen Landsleute in mediterranen Regionen, entdecken kultivierte Menschen aus Mittel- und Nordeuropa von selbst, dass nimmersatte Sonnenhungrige den guten Geschmack vergessen lassen. Denn dort lassen sich mit einer einfachen Methode die Einheimischen von den Urlaubern unterscheiden: Nur Fremde aus kühleren Gefilden nehmen ihre Mahlzeiten in der prallen Sonne ein – was sich weder kulinarisch noch ästhetisch empfiehlt. Schwitzende Wurstwaren sind so wenig appetitanregend wie transpirierende Menschen. Gehaltvolle Spezialitäten schmecken einfach nicht auf sonnendurchfluteter Terrasse. Eine zarte – also sicher nicht fettfreie – Lammkeule besitzt an einem Augusttag bei 40 Grad weniger Reiz als an einem nebligen Novembertag. Auch knoblauchduftende Suppen, kross Fettgebackenes, süßer Krokant und aromensatte Eintöpfe brauchen jenen Appetit, der aus der Kälte kommt. Selbst das Knacken der Spanferkelkruste klingt im Juli weniger verheißungsvoll als im Dezember. Und tiefdunkle schwere Rotweine, vielleicht noch mit dem Eichenton des Barrique, sind als Sommerweine so geeignet wie Cashmere für ein Strandkleid. Das heißt: Das meiste von dem, was Mallorcas kulinarischen Charakter ausmacht, kommt im Sommer schlecht zur Geltung, im Winter jedoch prächtig.

Feinfühlige Touristen vermissen in den gleißenden heißen Sommermonaten auch jene Melancholie, die einer Reise erst das Charisma des Literarischen gibt. Schön erzählen lässt sich nicht von den gleichförmig sonnigen Tagen am glühenden Strand, sondern von solchen, die einen kleinen Trauerflor tragen und an denen die Heiterkeit kostbar wird. Nostalgie, jenes schöne Heimweh romantischer Gemüter, gedeiht nicht im Neonlicht der lauten Jahreszeiten, wie sie in Prospekten verherrlicht werden, sondern im Dämmer, im Zwielicht, in der Diesigkeit eines Herbstabends oder der Dunkelheit eines Wintermorgens. Nostalgie braucht außerdem Erinnerungen, die unsere Gegenwart mit Vergangenheiten bereichern. Und früher waren

wohltemperierter Genuss

mediterrane Inseln mit mildem Klima, ob Capri oder Sizilien, Madeira oder Mallorca, Winterreiseziele all jener Menschen, die wie Heine den Schnee als Leichentuch der Natur empfanden.

Ein Winter auf Mallorca eröffnet den Weg zum Wesen dieser Insel und ihrer Menschen, weil erst im Winter die Freude der Mallorquiner an Geselligkeit wieder aufersteht, die niedergetreten worden ist von den lärmenden Massen des Sommers. Erst im Winter offenbart sich die Kunst der Mallorquiner, Nahrungsmittel so zu konservieren, dass sie ihre eigentlichen Geschmäcker behalten: Marmeladen, die ohne Pektin gekocht werden, Kapern, die nur in mildem Essigwasser oder Salz eingelegt sind, Stockfisch, der nur von kundiger Hand aus einem bretthaften Monstrum zur butterzarten Delikatesse mutiert, Kräuter, die in Likören ihr zweites Leben entfalten, Oliven, deren nussiges Aroma sich in den Bottichen voll entwickelt hat, getrocknete Aprikosen, ungeschwefelt, die einem Salat eine unnachahmliche Fruchtigkeit geben.

Auch die schönsten Feste der Insel, vielleicht die ungewöhnlichsten und sicher diejenigen, bei der sich Fremde und Einheimische am Nächsten kommen, finden im Herbst und im Winter statt.

Und die vielen immergrünen Pflanzen auf der Insel, gerade rings um Valldemossa, können erst im Winter ihre nimmermüde, dunkel glänzende Kraft und Herrlichkeit zeigen, wenn alles andere nackt dasteht. Im Blütenrausch des Frühlings oder in der sommerlichen Farbenpracht von Früchten und Gemüsen dankt ihnen keiner ihr lebensvolles Grün. Im Winter aber wird es wertvoll, im Winter lernen wir es schätzen.

Wer einen Winter auf Mallorca verbringt, gehört zu einer seltenen Spezies: zu den Menschen, für die Urlaub nicht in der Entfernung vom Heimatort besteht, sondern in der Annäherung an das Unbekannte.

Auskünfte zum Verlauf

Juni/Juli 1838: George Sand und Frédéric Chopin werden ein Liebespaar.
12. September 1838: Die Pariser Zeitung ›Journal des Débats‹ vermeldet, Georges letzter Liebhaber, Félicien Mallefille, Hauslehrer ihrer Kinder Maurice (15) und Solange (10), habe die untreue Geliebte ermordet. In diesem Monat legt sich Mallefille auf die Schwelle von Chopins Wohnhaus und droht dem Heimkehrenden, ihn umzubringen. Der Boden wird zu heiß.

19. Oktober 1838: George bricht mit ihren Kindern und dem Kindermädchen Amélie von Paris auf und reist über Chalon, Lyon, Avignon und Nîmes nach Perpignan.

27. Oktober: Chopin reist in Begleitung des spanischen Premierministers Mendizábal mit der Schnellpost in Paris ab.

31. Oktober: Einen Tag nach George und Anhang trifft auch Chopin in Perpignan ein und ist trotz der vier Nächte in einer engen Kutsche »frisch wie eine Rose und rosig wie ein Rübchen« (George Sand).

8.-15. November 1838: Chopin in Palma fühlt sich gesund und ist gut gelaunt: George erkundet wahrscheinlich bereits Wohnmöglichkeiten.

13. November 1838: Sie besichtigt die bewohnbar gemachten Zellen im 1835 aufgelassenen Kartäuserkloster Valldemossa – die Mönche hatten das ursprüngliche Königskastell im 15. Jahrhundert übernommen – und erfährt, dass sie, weil ein Auszug bevorsteht, dort in absehbarer Zeit einziehen werden können.

15. November bis 9. Dezember 1838: George Sand und Frédéric Chopin wohnen mit Anhang im Haus Son Vent; die Wände sind feucht, der Dauerregen beginnt; Chopin wird krank, der Arzt diagnostiziert angeblich Tuberkulose. Am 3. Dezember schreibt er nach Paris: »Die beiden letzten Wochen war ich krank wie ein Hund; trotz der 18 Grad Wärme, trotz Rosen, Orangen und Feigen habe ich mich erkältet.« Der Vermieter, Señor Gomez, kündigt vorzeitig und fordert angeblich Geld zum Streichen und Desinfizieren der Wände. Etwas überstürzter Auszug, für fünf Tage im Haus des französischen Konsuls von Palma, bis sie ins Kartäuserkloster von Valldemossa umziehen können – was aber wohl von Anfang an geplant war.

1. Dezember 1838: Ein kostbares Klavier von Camille Pleyel, enger Freund Chopins und berühmter Klavierbauer, wird in Paris Richtung Mallorca verladen.

der Reise nach Mallorca

Ab 15. Dezember 1838 in Valldemossa; es ist bis heute nicht genau festzustellen, in welcher der Zellen die berühmten Gäste gewohnt haben. Sie sind dort, vom wenig geschätzten Personal abgesehen, alleine. »Auch dachte niemand daran, die berühmte Frau zu verwöhnen; außer uns, Flery (=Flury) und M. de Cardona besuchte sie niemand.« (Elena Choussat, Memoiren)

21. Dezember 1838: Das Pleyel-Klavier trifft in Palma ein.

Januar 1839: Chopins Gesundheitszustand verschlechtert sich.

20. Januar 1839: Endlich. Kurz vor der Abreise kommt das Pleyel-Klavier aus Paris in Valldemossa an.

22. Januar 1839: Chopin schickt seine soeben vollendeten Préludes nach Paris.

12. Februar 1839: Alle zusammen brechen von Valldemossa nach Palma auf; der Pleyel-Flügel wird vor Ort verkauft an Elena Choussat, die George und Chopin anbetet und im Gegensatz zur übrigen mallorquinischen Bevölkerung keine Angst hat, sich an dem Instrument des kranken Komponisten anzustecken.
13. Februar: Sie reisen von Palma nach Barcelona.

14.-22. Februar: Sie beziehen das Hotel ›Quatro Naciones‹ und erholen sich etwas von den Strapazen auf Mallorca.

Die Herausgeberin

Dr. phil. Eva Gesine Baur hat das studiert, was sich brotlose Künste nennt: Kunstgeschichte, Literatur- und Musikwissenschaften. Ihr täglich Brot hat sie sich anfangs als Redakteurin, stellvertretende und Chefredakteurin bei verschiedenen Zeitschriftenverlagen verdient. Und arbeitet seither als freie Journalistin und Buchautorin für etwas saftigere Kost. Mallorca kennt sie noch aus der Zeit, bevor es chic wurde. Und Rainer Fichel aus der Zeit, bevor er mallorquinischer Wirt wurde. Damals interviewte sie Prominente beim Tischgespräch und er fotografierte. Ihr Lieblingssatz von George Sand: »Glück liegt nur in dem Bewusstsein, das wir von ihm haben, und keineswegs darin, ob die Zukunft ihr Versprechen hält.« Und Eva Gesine Baur ist davon überzeugt, dass gutes Essen eben jenes Bewusstsein schärft.

Bei dtv sind von Eva Gesine Baur u.a. erschienen:

Essen und Trinken mit Poesie (dtv premium 24218)
Feste der Phantasie - phantastische Feste (dtv 36101)
Der Luxus des einfachen Lebens (dtv 8475)
entflammt. Geschichten vom Verlieben (dtv 20334)
Leicht gesagt (dtv 36246)

Der Fotograf

Rainer Fichel hat in den Augen der Herausgeberin den einzigen Beruf, den keiner lernen kann: Er ist Lebenskünstler. Denn er beherrscht die Kunst, ohne Aufwand, Eitelkeit und Profitgier genau das zu tun, was ihm in der jeweiligen Lebensphase Spaß macht.

Er war Fernsehjournalist, Industrie- und Porträtfotograf, hatte eine Pferdezucht in den französischen Alpen, ein Künstlercafé in Hamburg, einen Sonntagsjob als umbuhlter Wiener-Schnitzel-Koch in einem Hamburger Szene-Lokal, Wohnsitze in Lissabon und New York, nie viel Geld und immer viel Freude an seiner Arbeit. Zu seiner Lebenskunst gehört es, sich mit seiner Lebenswelt zu verbinden. Er wohnt in Ca's Concos fünf Gehminuten vom Lokal entfernt in einem winzigen Haus, in dem sich andere den Kopf einschlagen, liebt seine Siesta in der Hängematte, die Gärtnerin, die seinen Kräutergarten pflegt, die alte Ana, von der er den Hauswein bezieht, den greisen Bauern im Dorf, der ihm die besten Spanferkel verkauft, wenn er mit ihm lange genug politisiert hat, Maria, die eine Tankstelle und einen Gemischtwarenladen im Ort betreibt, seine Katzen, die alle seine Sessel belegen. Und natürlich sein Team im ›Viena‹ und seine Gäste, die fast alles Stammgäste sind. Am Wochenende großenteils Mallorquiner. Und darauf ist er besonders stolz.

Die Meisterköche

& ihre Rezepte

Die Abbildungen

Die Fotos

Die Originalzitate von George Sand aus ›Ein Winter auf Mallorca‹ sind dem gleichnamigen dtv-Band 12497, herausgegeben und aus dem Französischen übertragen von Ulrich C. A. Krebs, mit zahlreichen Illustrationen, entnommen. © 1976 Büchergilde Gutenberg, Frankfurt a. Main.

Das Kartäuserkloster Valldemossa

Adresse:
Cartoixa de Valldemossa
Plaça de la Cartoixa, s/n
07170 Valldemossa/Mallorca
Tel.: 0034-971-612 106 Fax: 0034-971-612 514
www.valldemossa.com

Öffnungszeiten:
Montag – Freitag
9.30 – 18.00
(März – Oktober)
9.30 – 16.00
(November – Februar)
Sonntag
9.30 – 13.00

Neben der Besichtigung des Klosters ist ein Besuch des Festival Chopin de Valldemossa im Sommer ein literarisches und musikalisches Ereignis, das man sich nicht entgehen lassen sollte.
www.festivalchopin.com

Unser besonderer Dank gilt an dieser Stelle Señora Rosa Capllonch Ferrà und Señor Jacques Capllonch Ferrà, mit deren freundlicher Genehmigung wir neun Zeichnungen von der Hand Maurice Sands aus ihrem Besitz abdrucken konnten.